Gianrico Carofiglio

Né qui né altrove
Una notte a Bari

Editori Laterza

© 2008, Gius. Laterza & Figli

www.laterza.it

La cartina di Bari
è stata realizzata da Luca De Luise.

Edizioni precedenti:
«Contromano» 2008

Nella «Economica Laterza»
Prima edizione luglio 2013

Edizione
4   5   6   7

Anno
2019   2020

Proprietà letteraria riservata
Gius. Laterza & Figli Spa, Bari-Roma

Questo libro è stampato
su carta amica delle foreste

Stampato da
SEDIT - Bari (Italy)
per conto della
Gius. Laterza & Figli Spa
ISBN 978-88-581-0878-9

Economica Laterza

653

a Giorgia, Alessandro e Francesca

È tutto accaduto, più o meno.
Kurt Vonnegut, *Mattatoio n. 5
o La crociata dei bambini*

La scrittura
non è specchio, piuttosto
il vetro zigrinato delle docce,
dove il corpo si sgretola
e solo la sua ombra traspare
incerta ma reale.
[...]
Perciò che importa
vedere dietro la filigrana,
se io sono il falsario
e solo la filigrana è il mio lavoro.

Valerio Magrelli, *Poesie (1980-1992)
e altre poesie*

Indice

Né qui né altrove

Primo

La musica arrivava da una remota *Bluegrass Radio*, e Willie Nelson cantava *You were always on my mind*, quando squillò il telefono.

"Chi sono?"

Inequivocabilmente un seccatore, pensai senza riconoscere la voce.

"Non lo so, forse vuoi dirmelo tu?"

"Ehi, come sei serio. Essere troppo seri rallenta i riflessi, lo sai?"

Giampiero.

Giampiero Lanave.

E che ci faceva Giampiero Lanave nel mio telefono quella sera di dicembre del 2007? L'ultima volta che avevo ricevuto una sua telefonata era stato più di vent'anni prima. Parecchio più di vent'anni. Ero in un'altra casa e noi tutti eravamo in un altro mondo. Dopo, ovviamente, l'avevo incontrato tante volte: abitiamo nella stessa città. Ma non ci eravamo più sentiti al telefono e mai più frequentati.

"Giampiero?" dissi, con tono appena esitante.

"Bravo. Con un attimo di ritardo, ma va bene lo stesso. Che stai facendo?"

Parlava come se ci fossimo salutati solo qualche ora prima, e io mi sorpresi a rispondere con la stessa incongrua naturalezza.

"Niente, ascoltavo un po' di musica e mi chiedevo cosa fare stasera."

"Te lo dico io, cosa fare stasera. Adesso passiamo a prenderti, andiamo a mangiarci una cosa insieme e ci facciamo quattro chiacchiere sui vecchi tempi."

Passate, chi?

Passavano lui e Paolo Morelli.

Mi ci volle qualche secondo per realizzare che era *quel* Paolo Morelli. Per quanto ne sapevo, avrebbe dovuto essere altrove, molto lontano.

Ma evidentemente no. Paolo Morelli era a Bari, con Giampiero Lanave, e tutti e due stavano per materializzarsi sotto casa mia. Per mangiare qualcosa e fare *quattro chiacchiere sui vecchi tempi.*

Tutto era troppo assurdo per fare resistenza o anche solo per fare domande. Così gli dissi di darmi una mezz'ora per cambiarmi, e poi di passare.

Riattaccai e avvertii fisicamente un senso di inquietudine, come un formicolio, o una leggera iperestesia. Non mi piace quel tipo di sensazione, e cercai di sbarazzarmene sotto la doccia.

Mezz'ora dopo il citofono ringhiò mentre dal mio computer uscivano – dopo aver attraversato le praterie e l'oceano – le note nevrotiche di un banjo solitario.

Una gigantesca Range Rover nera era parcheggiata in

doppia fila sull'altro lato della strada. Quando mi vide uscire, Giampiero scese dall'auto, mi venne incontro e mi abbracciò.

"Cazzo, se sono contento di vederti. Se non era per me, una serata così la facevamo nel 2040 alla mensa dell'ospizio."

Calcolai che avesse messo una decina di chili dall'ultima volta che ci eravamo incontrati per strada, di sfuggita; e una ventina dai tempi dell'università. Sembrava quello che era: un professionista di mezza età, non particolarmente attento alla linea. Era in abito grigio di ordinanza e dava leggermente di stoffa costosa, di una giornata di lavoro cominciata molte ore prima, e di Azzaro. Lo stesso profumo che aveva cominciato a usare moltissimi anni prima, rubandolo a suo padre.

Mentre Lanave e io ci abbracciavamo, più a lungo di quanto avrei desiderato, Paolo Morelli scese dalla macchina. Sorrideva e sembrava un po' a disagio. Anch'io lo ero.

Quando Lanave mi lasciò libero, Paolo Morelli e io ci guardammo, immobili, per un paio di interminabili secondi. Poi, prima che la situazione diventasse imbarazzante, mi mossi verso di lui. Allora anche lui si mosse verso di me e così ci abbracciammo. Cercai di ricordarmi l'ultima volta che ci eravamo visti, e non ci riuscii.

Era partito senza salutare nessuno, o forse semplicemente senza salutare me. Per un po' di tempo mi chiesi per quale motivo lo avesse fatto; poi smisi di farmi quella domanda. Forse perché la risposta non mi interessava, o, più probabilmente, perché non volevo trovarla.

Dopo la partenza di Paolo, praticamente di botto anche

Giampiero e io smettemmo di frequentarci. Così, come se i quattro anni precedenti non fossero mai esistiti.

"E tu che ci fai da queste parti?" fu la mia originalissima domanda.

Ci faceva che era morta la madre.

Oh scusa, mi dispiaceva molto – faccia immediatamente compunta –, ah, era morta già da mesi e poi era malatissima e soffriva, era stata una liberazione, per lei e per tutti. No, ricordavo bene, non era molto vecchia ma, appunto, era molto malata. Da qualche anno era andata a stare con la figlia, a Lecce, ma nell'ultimo periodo era così peggiorata che avevano dovuto ricoverarla.

Paolo e sua sorella erano venuti a Bari per sistemare le questioni dell'eredità, che, in sostanza, significava vendere l'appartamento dove avevano abitato da ragazzi e poi andarsene per non tornare mai più, visto che non c'era più niente – né persone né cose – che li tenesse legati a questa città. La vendita l'avevano fatta proprio quella sera, nello studio del vecchio compagno di scuola e di università, ora notaio, dottor Giampiero Lanave, fu Gaetano. Nel senso che anche suo padre era stato notaio e Giampiero ne aveva ereditato lo studio.

Mentre Paolo parlava – come uno che stia sbrigando una cortese formalità – mi venne in mente che l'appartamento era quello in cui, molti, molti anni prima, avevamo preparato insieme l'esame di diritto commerciale. Fu come una fitta, di quelle che minacciano di ricomparire.

Paolo doveva partire il giorno successivo ed era solo a Bari, visto che la sorella era tornata a Lecce subito dopo la firma dell'atto. Così al vecchio Lanave era venuto in mente che si poteva – testuale – "fare un blitz", mi aveva chiamato, io non ero stato abbastanza veloce a inventare una scusa e adesso eravamo lì, seduti nel concreto odore di pelle di quella macchina enorme, sfrontata e inutile. Tre sconosciuti rimessi vicini l'uno all'altro da uno scarto improvviso del tempo. Avevo in mente cose del genere ma ci pensò Giampiero, dopo aver messo in moto, ad attutire la mia deriva verso la speculazione, in bilico fra cinismo e malinconia.

"Allora ragazzi, prima di tutto andiamo a mangiare. Poi magari ci spostiamo da qualche altra parte e facciamo vedere all'uomo di Chicago com'è cambiata questa città. E che non abbiamo niente da invidiare a nessuno."

La faccia di Paolo diceva che avrebbe voluto essere altrove (e forse nemmeno lui sapeva dove) e che sperava che tutto finisse presto. Nessuno vedeva la mia faccia perché ero sul sedile posteriore, ma credo che l'espressione fosse più o meno la stessa.

Scivolammo sul lungomare Imperatore Augusto, che costeggia le mura della città vecchia, piegammo al fortino Sant'Antonio e superammo il Gran Cinema Margherita, chiuso e fasciato con impalcature, cartelloni e promesse solenni di restauro e pronta riapertura.

Poco dopo trovammo un posto libero, esattamente delle spropositate dimensioni della macchina di Giampiero. Da quelle parti, a quell'ora, è un evento il cui grado di probabilità rivaleggia con l'ipotesi che Charlize Theron mi dica di voler passare la vita (o, in ipotesi subordinata ma comunque accettabile: domani notte) con me. Scendendo dall'auto chiesi a Giampiero come avesse fatto a conservare integra la leggendaria fortuna per cui era famoso da ragazzo ai tavoli di poker e di *chemin de fer.*

Per essere onesti non dissi leggendaria fortuna, dissi *spaventoso culo.* Lui mi guardò con un sorriso strano che non riuscii a decifrare, e poi prese a camminare facendoci segno di seguirlo.

Secondo

Ci eravamo conosciuti in quarto ginnasio, avevamo fatto tutto il liceo insieme, ma non ci eravamo mai davvero frequentati. Diventammo amici con l'inizio dell'università, pur non avendo quasi nulla in comune, a parte l'essere iscritti tutti e tre a giurisprudenza. Ognuno per ragioni molto diverse da quelle degli altri due.

Le motivazioni più chiare erano quelle di Giampiero. Suo padre era notaio, lui avrebbe fatto il notaio. Sul punto non c'era mai stata questione. Giampiero era uno con aspirazioni concrete, lineari e senza inutili sfumature. Aveva sempre avuto un'esistenza vuota di problemi, molto comoda, se non decisamente lussuosa, fatta di ville al mare, case in montagna, macchine costose, abiti costosi, soldi sempre in tasca più di quanto noi altri ci potessimo nemmeno sognare. Senza ostentazione e con una qualche distaccata generosità, va detto a suo merito.

La sua idea di fare il notaio era esplicitamente, onestamente legata all'intenzione di continuare, da adulto, a fare il tipo di vita che gli era stata garantita da ragazzo.

A scuola non era mai andato né bene né male. Non gliene importava niente – nessuna materia lo appassionava – ma aveva senso della realtà. Andare male a scuola, magari farsi rimandare, non sarebbe stata una cosa buona. Avrebbe significato taglio dei fondi da parte dei genitori, estate con professori privati e altre seccature. E Giampiero non voleva seccature. Alla fine dell'anno, studiando l'indispensabile, non aveva mai preso nemmeno un'insufficienza. Tutti sei, a volte qualche sette, nove in educazione fisica.

Paolo era all'estremo opposto.

Era stato il più bravo della classe, probabilmente di tutta la scuola, e gli piaceva studiare. Lo faceva con leggerezza e andava benissimo in tutto, senza sforzo apparente e senza sembrare – perché non lo era – il classico secchione. Era uno che aiutava gli altri, volentieri e senza chiedere niente in cambio. Quando c'erano i compiti in classe di latino e greco, la gente litigava per accaparrarsi i posti vicino a lui.

Mi è venuto in mente Paolo qualche tempo fa, quando mi sono imbattuto in una definizione dell'attenzione. L'attenzione è una virtù morale. Essere attenti significa essere giusti con se stessi e con gli altri. Le persone attente sono curiose e attive; studiano e lavorano con entusiasmo, coinvolgimento e passione; scrutano i bisogni degli altri e sono capaci di aiutare.

Paolo era un ragazzo attento.

Questo non significa che non avesse difetti. Bagliori di arroganza o addirittura imprevedibili scatti di cattiveria, per esempio. Ma erano difficili da scoprire. Bisognava che capitasse l'occasione, bisognava che qualcuno, consapevolmente o meno, mettesse in discussione le gerarchie e che Paolo si sentisse in pericolo. Il che non capitava spesso, perché lui giocava in un campionato diverso.

Avrebbe voluto fare filosofia e voleva andare alla Normale di Pisa. Si iscrisse alla selezione, superò agevolmente gli scritti, ma poi, poco prima degli orali, successe qualcosa. Ci ho pensato a volte, anni dopo, e sono sempre stato convinto che avesse a che fare con la sua famiglia. Suo padre era sottufficiale dell'esercito, sua madre non lavorava e lo studio della filosofia, con i suoi sbocchi improbabili e aleatori, doveva sembrare un lusso inconcepibile.

Insomma, Paolo non si presentò agli orali per l'ammissione alla Normale e un giorno all'inizio di novembre lo vedemmo comparire, con aria sperduta, nell'aula immensa, affollata e irrespirabile dove stava per cominciare il corso di diritto privato.

Giampiero e io avevamo trovato posto nell'ultima fila di banchi; quando entrò lo chiamammo, Paolo ci vide e venne a sedersi vicino a noi. Cominciò così.

La prima cosa che ricordo fu che per qualche settimana Paolo cercò di spiegarci perché aveva *deciso* di studiare diritto. Questo – diceva – gli avrebbe consentito di affrontare da un'angolazione anche pratica, e quindi più interessante, gli studi di filosofia morale cui da sempre aveva voluto dedicarsi. Si sarebbe laureato con una tesi in filosofia del diritto sui rapporti fra diritto e morale; in particolare – pareva avesse le idee chiarissime, e in un certo senso le aveva – sulla tensione fra obbedienza al diritto e obbedienza alla legge morale (va bene – aggiungeva ridacchiando – ci aveva già pensato Sofocle, ma insomma è un

11

tema universale, su cui ci sarà sempre qualcosa da aggiungere). *Disse questa cosa per qualche settimana.* Poi, visto che nessuno sembrava interessato alla questione, e visto soprattutto che nessuno intendeva chiedergli conto del perché avesse rinunciato alla Normale, abbandonò l'argomento e si incanalò, come noi, nella tranquilla, sonnolenta routine degli studi di diritto nell'università di Bari, all'inizio degli anni '80.

* * *

Poi c'ero io. Mi iscrissi a giurisprudenza perché non sapevo cosa fare, che qualità avessi, e se effettivamente ne avevo, al di là dei superficiali successi scolastici, dipendenti soprattutto dalle mie capacità di improvvisatore.

Se Paolo era attento, io ero distratto. Ero vago, non ero capace di concentrarmi, di mettere a fuoco, ero incapace di portare a termine le mille cose a cui mi interessavo. Dall'esterno potevo sembrare un tipo poliedrico, ma non ero capace di fare niente davvero bene. Nei momenti di consapevolezza sapevo di essere soprattutto una specie di mistificatore ben mimetizzato. Per fortuna questi momenti di consapevolezza erano piuttosto rari. In generale vivevo in una nebbia della coscienza, leggera e avvolgente.

Non avendo le idee chiare su me stesso e sugli altri, nella vita sociale interpretavo personaggi, diversi a seconda delle circostanze e confusamente ispirati a film e a libri.

In realtà non sapevo chi fossi e cosa volessi. Iscrivermi a giurisprudenza fu un modo per prendere tempo e per rinviare queste non secondarie domande.

* * *

Insomma, eravamo diversi ma, in quell'ultimo banco di un'aula sovraffollata, diventammo amici.

La Facoltà di Giurisprudenza si trova in Piazza Cesare Battisti, alle spalle dell'Ateneo, a due passi da tutto nel cuore della città: il cosiddetto Borgo murattiano. Il centro ottocentesco di Bari ha la conformazione del *castrum* romano, come Torino. È composto di isolati regolari a forma di rettangolo; le vie sono diritte ed è impossibile perdersi, sia a piedi, sia in auto.

Sulla conformazione della città murattiana una volta ho letto una cosa che mi è piaciuta molto. L'ha scritta un francese – Paul Bourget – nel 1891, e rende l'idea. "La trovo attraente questa città nuova, con le sue vie larghe ad angoli retti, che consentono di vedere sempre in fondo ad esse il mare, come a Torino si vedono le Alpi." È nel libro *Sensations d'Italie*, che peraltro è anche un bel titolo.

Oggi in fondo alle vie non si vede più il mare, perché dal 1891 nuovi quartieri sono nati e cresciuti attorno al quadrilatero originario e perché le auto soffocano la vista oltre che il respiro. Però di notte, il pomeriggio della domenica o in certi giorni di festa, quando non c'è traffico e le strade sono sgombre, si può ancora provare quella sensazione rettilinea di itinerari prevedibili e di svolte rassicuranti cui alludeva lo scrittore francese. E paradossalmente è proprio in quei momenti che balena l'intuizione, ambigua e vertiginosa, di essere su instabili punti di fuga, diretti verso posti lontani.

La nostra città, in quegli anni, era quasi tutta compressa in quel reticolo ortogonale.

13

Il pomeriggio, poco prima dei seminari, ci incontravamo al Caffè della Posta, su via Nicolai angolo via Cairoli, centocinquanta metri dalla facoltà. Ci sedevamo a un tavolino, prendevamo il caffè, e parlavamo, tantissimo. Ragazze, prima di tutto. Ma anche politica, libri, musica. Cosa avremmo fatto per lasciare un segno e cambiare le cose, anche se su quest'ultimo tema Giampiero era un po' distaccato. Non aveva nessuna intenzione di cambiare le cose, lui. Così com'erano, gli andavano benissimo.

Non mi ricordo in particolare nessuna di queste conversazioni. Più che ricordarmi, *so* che parlavamo di queste cose, e ovviamente non è lo stesso. A volte ho una sensazione di precipizio per questo vuoto, per questa mutilazione nei miei ricordi, per questi pezzi perduti di memoria e di passato.

Poi andavamo in facoltà e durante i seminari continuavamo a parlare perché, salvo rare eccezioni, si trattava di esperienze di una noia invincibile.

Dopo i seminari prendevamo accordi per la sera e poi ognuno se ne andava per i fatti suoi.

Era a quel punto che, due o tre volte alla settimana, io facevo il mio giro per le librerie dove trascorrevo un sacco di tempo, ispezionandole accuratamente, quasi fossi un agente in incognito assoldato da una casa editrice.

L'itinerario includeva Laterza, in via Sparàno, la vecchia Mondadori per Voi (sfortunatamente chiusa a metà degli anni '80), in via Abate Gimma, a volte la libreria Adriatica in via Andrea da Bari, a volte la libreria Roma in Piazza Moro (già Piazza Roma) e sempre la libreria Athena, che aveva i libri usati e, all'epoca, un interessante assortimento di manuali strambi. Cioè la mia passione, o forse sarebbe meglio dire la mia fissazione.

Da ragazzino (ma anche dopo, a pensarci bene e a essere franchi) ero sedotto dall'idea fumettistica che qualsiasi cosa si potesse imparare senza maestri e soprattutto senza lunghi e faticosi tirocini. Bastava andare in libreria, trovare il manuale giusto e limitarsi a leggerlo. Una volta Paolo mi disse che ero troppo pigro – cialtrone, intendeva dire – per impegnarmi davvero a imparare quello che mi sarebbe piaciuto, e che per questo compravo manuali il cui puro possesso fisico mi dava l'illusione di possedere tecniche e conoscenze. Probabilmente aveva ragione e, ora che ci penso, non credo volesse farmi un complimento.

E però, anche se intuivo il meccanismo e i suoi inganni, quanto mi piaceva girare per gli scaffali più nascosti delle librerie e uscirne con libri tipo: *I segreti della prestidigitazione. Corso completo, da principiante a esperto.* Oppure: *Supermemoria. Le tecniche di un esperto per lo studio, il lavoro, la vita di tutti i giorni.* Oppure: *La ginnastica dei marines. Un fisico nuovo, potente e scolpito con soli quindici minuti al giorno.* Oppure: *Anche tu artista. Impara a disegnare con la tecnica del mondo capovolto.* Oppure: *Una nuova vita con le straordinarie tecniche dell'autoipnosi nepalese.* Oppure: *Sarò presto chitarrista. Corso completo per chitarra folk.*

Va bene, questi titoli me li sono inventati, ma l'idea era quella: avere nelle mani, possedere fisicamente un libro che custodiva i segreti necessari per *fare*. Era così rassicurante, mi piaceva moltissimo.

Per non apparire un mentecatto integrale desidero

15

però precisare che non mi interessavano solo i manuali per frustrati. Mi piaceva comprare romanzi, saggi di sociologia e filosofia (che poi li leggessi per intero era un altro discorso, ma insomma), libri a fumetti.

Ma soprattutto mi piaceva girare per gli scaffali. Mi piaceva stare là, girare, leggere a sbafo, fantasticare sentendomi libero mentre il tempo, che era così abbondante e amichevole, passava dolcemente.

Mi piace ancora adesso, allo stesso modo, anche se il tempo è un po' meno abbondante.

A Bari per fortuna ci sono molte librerie, oggi più di allora – io ne ho contate trentaquattro, incluse librerie esoteriche, librerie di viaggio, librerie fantasy, librerie antiquarie, librerie a metà prezzo (in cui però, quando scegli un libro che non sia *Il manuale del tubista installatore* o una storia della letteratura kossovara, scopri sempre che fa parte della sezione a prezzo intero), librerie-caffè, ed escluse librerie universitarie e cartolibrerie – e la maggior parte è sempre racchiusa nel centro attorno all'università. Questo mi consente di sorvegliarne parecchie in una sola passeggiata pomeridiana, tuttora. Ovviamente la maggior parte del tempo la passo nelle due più grandi, cioè la Feltrinelli e la vecchia – ma anche nuova, ora che è stata ristrutturata – libreria Laterza. Però a intervalli regolari vado anche nelle altre, dove capita di scoprire libri che nelle grandi non esistono o sono introvabili.

Ce n'è una che mi piace particolarmente, anche se è un po' al di fuori dei miei itinerari abituali. Si trova in via Villari, fra Corso Vittorio Emanuele e il Castello Svevo, in prossimità del punto di congiunzione fra Bari Vecchia, quartiere Murat e quartiere Libertà. È una libreria minuscola, con libri d'arte nelle vetrine e gli altri sparsi, senza un ordine apparente, sui banchi e sugli scaffali. La libraia è una signora non giovanissima, che fuma in libreria infischiandosene dei divieti e ogni tanto ti guarda con un'espressione simpatica. Sembra contenta di stare lì, in mezzo ai libri, indipendentemente dal fatto di venderli o meno. Mi ricorda in qualche modo la prima libreria che ho frequentato.

Era di un cugino di mio padre, Franco, ex rappresentante di libri scolastici e vecchio militante del partito comunista. Era in via Roberto da Bari, a sei isolati da casa, e si chiamava Rinascita, come la rivista del Partito. Un pomeriggio, avevo dieci anni, entrai con mio padre in quella libreria. Franco era un signore dalla carnagione scura, occhiaie profonde, l'aria mite e un po' triste.

"Ti piacciono i libri?" mi chiese, forse facendo caso a come mi guardavo attorno, lì dentro.

Se mi piacevano i libri? Avevo cominciato a leggere a sette anni, e subito dopo mi ero messo a dichiarare che da grande avrei fatto lo scrittore. I libri erano la cosa che mi piaceva di più, assieme ad alcuni giocattoli (meccano, lego e subbuteo, per completezza di informazione), ad alcuni fumetti (Alan Ford, Uomo Ragno e Tex, anche qui per completezza) e soprattutto a una meravigliosa bambina di nome Laura.

Non entrai in questi dettagli. In particolare la questione di Laura non l'avrei mai confessata a nessuno. Però dissi con tono compito che sì, i libri mi piacevano molto.

17

"Allora vieni qui quando vuoi. Ti scegli un libro, ti siedi lì – indicò una sedia vicina alla cassa – e leggi gratis."

Leggo gratis? Ci deve essere un trucco, pensai. Da qualche parte c'è la fregatura, non so dove ma da qualche parte c'è. Guardai Franco pensando che dicesse: ovviamente scherzo, figuriamoci se voglio un ragazzino fra i piedi, a leggere gratis mentre io lavoro. Ma Franco non disse niente. Allora guardai mio padre pensando che avrebbe risposto per me e avrebbe detto che no, grazie, non vogliamo dare fastidio, o qualcosa del genere. Ma lui non disse niente di simile e così, quando ce ne andammo, eravamo d'accordo che sarei tornato da solo, il pomeriggio dopo. A leggere gratis.

Ci sono state poche volte in cui sono stato così consapevole di un privilegio come in quei pomeriggi alla piccola libreria Rinascita. Arrivavo verso le cinque e mezza, dopo aver fatto (o fatto finta di fare) i compiti, salutavo Franco, lui mi rispondeva sorridendo con quella faccia un po' triste, e poi mi faceva un cenno con la mano, verso i libri. Come a ripetere il concetto: scegli quello che vuoi e leggi gratis.

E io sceglievo, aggirandomi fra i banchi e gli scaffali circondati da manifesti di Che Guevara, di Angela Davis, di Gramsci. Non saprei dire tutto quello che mi sono letto in quei pomeriggi, seduto vicino alla cassa, circondato dai libri degli Editori Riuniti, alzando ogni tanto lo sguardo verso quelli – persone comuni – che entravano, sceglievano e pagavano i libri. Certo è che lì scoprii Mafalda, il Mago di Oz, i romanzi di Edgar Rice Burroughs, le storie di Sherlock Holmes, Maigret, il dottor Dolittle, Andy Capp, i racconti del terrore e del mistero di Edgar Allan Poe, Jerome K. Jerome, altri che non mi ricordo.

Come non bastasse, dopo un'ora o poco più che ero lì, dopo essersi interessato a quello che stavo leggendo, e se mi piacesse, Franco mi chiedeva se volessi una cioccolata. La prima volta che accadde, avevo pensato che intendesse: vuoi un cioccolatino? E avevo detto sì, grazie. Le regole dell'educazione di casa – intendo: la mia casa, i miei genitori – consentivano di accettare caramelle o cioccolatini; mai, invece, consumazioni che dovessero essere pagate in un bar. Non stava bene, non so tuttora per quale motivo. Franco non tirò fuori nessun cioccolatino. Prese invece il telefono, chiamò la pasticceria Stoppani (un locale storico, che incredibilmente esiste ancora e dove bisogna passare se si capita a Bari) e ordinò una cioccolata calda e un caffè.

Ora va detto che la cioccolata, a qualsiasi temperatura, era stata inserita da mia madre nella tabella delle sostanze pericolose e tendenzialmente proibite. Stando ad alcune informazioni riservate in suo possesso, tutta la produzione industriale delle cose più buone era nelle mani di una sorta di SPECTRE della sofisticazione alimentare. In particolare wafer, nutella, coca-cola, nonché ogni tipo di cioccolata che non fosse belga, costosa e inavvicinabile, erano il risultato di impasti immondi che sobbollivano in giganteschi calderoni nei quali veniva gettato di tutto, manici di ombrello e animali morti inclusi.

Trattandosi di merce vietata, quella cioccolata calda, densa e profumata fu una delle cose più deliziose ed eccitanti della mia infanzia. L'ordinazione da Stoppani – caffè per lui, cioccolata per me – si trasformò in un rituale del quale mi parve opportuno tenere all'oscuro i miei genitori. Un segreto che condividevo con un adulto, e questo mi piaceva molto.

Io pensavo che Franco fosse un signore veramente molto gentile. Era uno dei pochi adulti che mi stessero davvero simpatici.

Poi accadde che per qualche settimana non andassi alla libreria. Forse mi ero ammalato, forse c'erano state di mezzo le vacanze di Natale o di Pasqua. Certo è che un pomeriggio dissi a mio padre che uscivo e andavo alla libreria Rinascita.

Mio padre mi guardò qualche istante e dalla sua esitazione, dalla sua faccia capii che non stava per dirmi niente di buono.

"Non c'è più, la libreria."

"Che vuol dire: *non c'è più?*"

Ancora un'esitazione. Poi mi spiegò. Qualcuno aveva lanciato una bottiglia incendiaria nella libreria, il locale era rovinato, tanti libri erano andati a fuoco. E Franco aveva deciso di chiudere e tornare a fare il rappresentante di libri scolastici.

Non mi ricordo se chiesi chi avesse lanciato questa bottiglia incendiaria e perché lo avesse fatto, e dunque non mi ricordo quando – allora o molto tempo dopo – seppi che lo scempio era opera di una squadra fascista proveniente dalla vicina sede del Movimento Sociale.

Invece mi ricordo bene che uscii comunque. Per fare una passeggiata, dissi.

Percorsi via Putignani e in cinque minuti arrivai all'angolo con via Roberto da Bari. Di lì, quando andavo a leggere, potevo già vedere la vetrina della libreria, illuminata e con la scritta Rinascita, in rosso.

Anche quel pomeriggio la vidi. Era spenta, sbarrata, e la scritta era quasi tutta coperta da una macchia nera bruciata.

Ero un bambino cui piacevano le parole. Mi piaceva leggerle, mi piaceva provare a scriverle, mi piaceva giocarci. A volte mi immaginavo come avrei raccontato qualcosa che accadeva, qualcosa che mi impressionava o mi faceva divertire.

In quel momento scrissi nella mia testa la scena che stavo vivendo.

Più o meno così: il ragazzino passò davanti alla libreria e vide che qualcuno l'aveva bruciata. Era una cosa molto triste e molto ingiusta, si disse mentre tratteneva le lacrime, distoglieva lo sguardo e proseguiva per via Putignani, verso il Petruzzelli e le luci del centro.

Terzo

Appena entrati nel ristorante ci rendemmo conto che Giampiero era un frequentatore abituale e un cliente di riguardo. I camerieri lo salutavano con cordialità ossequiosa e quasi subito arrivò anche il proprietario. I due si abbracciarono, Giampiero ci presentò, quello fece un po' di cerimonie e poi ci chiese cosa volevamo mangiare.

Avevamo un vecchio amico tornato a Bari dopo tanti anni e volevamo fare bella figura, disse Giampiero. Sguardo d'intesa, volete che ci pensi io? Grazie, ma mi raccomando, questo signore – Giampiero mise una mano sulla spalla di Paolo – deve tornarsene a Chicago sapendo quello che si è perso andando a fare l'americano. Faremo del nostro meglio: altro sguardo d'intesa. Faccio io anche per il vino? Fai tu, come al solito.

Questo balletto mi diede un lieve senso di soffocamento. Per fortuna poco dopo arrivò un cameriere con una bottiglia di Fiano Minutolo, la aprì, annusò il tappo, riempì il fondo del bicchiere di Giampiero. Lui interpretò il consueto rituale degli intenditori, veri o presunti. Fece girare il vino sul fondo del calice, tenendolo per lo stelo;

poi annusò; poi bevve e trattenne il vino in bocca assumendo un'espressione assorta, con gli occhi che guardavano verso l'alto, alla ricerca di qualche mistero. Alla fine fece di sì, gravemente, col capo.

Rituale a parte, il vino era molto buono, e la cena fu un'esperienza memorabile.

Cucina pugliese ma, come si dice, rivisitata. Il menu spiegava che i piatti serviti in quel ristorante erano "il risultato dell'incontro fra la tradizione pugliese e la ricerca gastronomica internazionale più avanzata".

Non vado pazzo per questo tipo di discorsi, ma quando cominciarono a portarci, in metronomica successione, un piatto dopo l'altro, decisi che qualche ingenuità stilistica nel menu era ampiamente perdonabile, visto che era in corso una delle migliori cene della mia vita. Vado un po' a memoria, ma insomma, sulla nostra tavola passarono: seppioline crude con olio extravergine coratino e salsa di soia, ostriche, ricci di mare giganteschi, fagottini di cicorie con il purè di fave; gamberetti in purè di ceci, formaggi con marmellate di peperoncini, di pomodori, di cipolle, di peperoni; taralli, friselle con pomodori e ricotta marzotica, olive dolci fritte, panzerottini con mozzarella e pomodoro, panzerottini con ricotta forte, panzerottini con carne ed erbette della Murgia, pomodori secchi interi sott'olio, pomodori secchi a pezzetti, pomodori secchi tritati da spalmare, burrate, mozzarelline, ricotte; cicorielle selvatiche, funghi cardoncelli selvatici, più preziosi del tartufo, raccolti nelle zone inaccessibili dell'Alta Murgia; fave e cicorie con bocconcini di pane fritto e cipolle rosse di Acquaviva; riso, patate, cozze, grano, cipolle e zucchine; ravioli di rape con condimento di purè di fave; sformatini di rape con composta di acciughe.

Per darci il colpo di grazia, il proprietario voleva farci preparare, testualmente, "una bella grigliata di tonno, astice e polpo", e Giampiero stava anche per dirgli di procedere. Paolo e io implorammo pietà, e dopo qualche resistenza ci fu accordata. Sui dolci però furono inflessibili, e così seguì una teoria di bocconotti, torta alla ricotta con cioccolato fuso e cannella, millefoglie di mascarpone, dolci di mandorle, pasta di cartellate fritta e coperta di miele di cotogne, fichi secchi coperti di cioccolato e farciti con la mandorla.

Dopo aver bevuto il bianco eravamo passati a un Negroamaro, e sui dolci ci portarono un moscato di Trani che, mi fu detto, aveva vinto un numero imprecisato di premi. Decisamente nessuno dei tre era astemio, ma Paolo aveva un modo di vuotare, e subito dopo riempire il bicchiere, che non mi piacque affatto.

Durante la cena parlammo delle solite cose.

Commenti sui cibi (senza risparmio del superlativo), anche con il proprietario che venne ripetutamente al tavolo a controllare che tutto andasse bene, qualche parola sui vecchi amici, qualche sciocchezza sul passato e i ricordi. O meglio: sulle storie – fatte in parti uguali di memoria e di fantasia – che ognuno di noi credeva fossero i ricordi.

Qualche ragguaglio sulle vicende professionali e familiari.

Paolo insegnava diritto penale internazionale e teneva un corso speciale sui tribunali internazionali e i crimini di guerra. Andavano a seguirlo da tutto il mondo. Aveva avuto una borsa di studio subito dopo la laurea e, come sapevamo bene, non era più tornato. Si era sposato con una collega dell'università, aveva due figli, Peter e Sarah, era ormai cittadino americano.

Anche Giampiero era sposato, e questo lo sapevo, naturalmente, nonostante ci fossimo del tutto persi di vista. Bari non è così grande. Sua moglie non lavorava e avevano due figlie. Mi parve strano che non ci dicesse i nomi delle bambine e che, dopo averci dato le informazioni essenziali sulla sua famiglia, cambiasse argomento.

Dopo il cibo, il primo vino, il secondo vino, il moscato di Trani, il proprietario ci raggiunse al tavolo con una piccola bottiglia dall'etichetta bianca, compilata a mano con grafia che sembrava infantile. Era una grappa di Verdeca di Gravina, ci disse, la distillava un suo fornitore di vini e non era in commercio. Riservata agli amici. Ci riempì i bicchierini, aspettò che la assaggiassimo e manifestassimo il nostro apprezzamento; poi andò a prendere tre bottiglie, ancora sigillate, uguali alla prima e ce ne regalò una ciascuno, guardandoci bene in faccia per assicurarsi che avessimo adeguatamente compreso il riguardo.

"Allora, che ti è parso della cena?" disse Giampiero a Paolo.

Paolo sorrise. Gli alcolici sembravano averlo disteso.

"Tutto buonissimo, davvero. Da quanto tempo esiste questo posto?"

"Saranno una decina di anni. Lui è amico mio, ma chiunque venga qui mangia allo stesso modo."

Lo disse con tono magnanimo, di esibita modestia, e la frase in realtà significava: qui si mangia sempre bene, ma sia ben chiaro che avete avuto questa cena fantastica solo perché siete con la persona giusta.

Poi si rivolse a me: "Tu ci sei mai stato qui?"

Feci di sì con la testa. C'ero già stato un paio di volte. E aggiunsi che avevo mangiato bene, ma non come quella sera. Un po' perché era vero, un po' perché sapevo che era esattamente quello che Giampiero voleva sentirsi dire. Lui fece un sorriso deliberatamente contenuto ma molto soddisfatto. Spinse indietro la sedia e ci guardò annuendo appena, senza parlare. Era soddisfatto, la serata procedeva così come l'aveva pensata. Coerente rispetto alla sua idea di una rimpatriata fra vecchi amici che, a metà strada, fanno il punto su lavoro, famiglia, successo e ricordi. Una cerimonia confortevole e rassicurante, di quelle che gli uomini della nostra età e della nostra posizione sociale devono fare per riconoscersi, per trovare conferma che i fili non sono spezzati, che le cose hanno un ordine e che le vite continuano ad avere un senso.

Pensai che, se avesse potuto, Giampiero ci avrebbe messo anche una colonna sonora. Un pianoforte jazz morbido e familiare, come in certi film di Woody Allen.

"Ehi Paolo" disse Giampiero, "ma a Chicago ce l'avete un ristorante pugliese?"

Paolo rispose sorridendo, ma con una leggerissima nota di condiscendenza, una traccia impercettibile di impazienza.

"Non lo so. Ci sono tantissimi ristoranti italiani, ma pugliesi proprio non lo so. Non esco molto la sera, non sono la persona adatta a illustrare la vita notturna di Chicago. Nemmeno ci abito, a Chicago."

"Ma scusa, esattamente dove abiti?" chiesi io.

"Ad Evanston, che è vicinissima a Chicago. Evanston è la sede della Northwestern University, anche se la Law School, dove insegno io, è a Chicago. Ci vado di mattina e la sera torno a casa."

"Evanston è una città o un quartiere?"

"È una città sul lago Michigan. Ci si arriva proprio percorrendo il lungolago. Siamo più o meno 70.000 abitanti. Ed è soprattutto una città universitaria, appunto per via della Northwestern."

Esitò qualche istante, come se si stesse chiedendo se valeva la pena di darci tutte quelle informazioni. Poi soggiunse: "È un bel posto per viverci, a parte il freddo d'inverno. Il lago è molto bello, sembra il mare."

Lasciò passare ancora una decina di secondi, in cui i suoi occhi vagarono alla ricerca di qualcosa.

"Il problema è che non c'è l'odore."

"L'odore?"

"L'odore del mare, sai, la salsedine."

A Chicago c'ero stato anni prima durante un viaggio in macchina per gli Stati Uniti. Nemmeno sapevo che Paolo abitasse da quelle parti, per dare un'idea di quanto ci eravamo persi di vista. La città mi era piaciuta molto, e mi era piaciuto moltissimo il lungolago – la Gold Coast – pieno di vento e di sole. Adesso scoprivo che quella era la strada che Paolo faceva ogni giorno per andare al lavoro. E poi i grattacieli, più belli di quelli di New York, e il Magnificent Mile, e i musei. Mi era piaciuta la sensazione di nitida, spaziosa e sobria opulenza che si respirava in quella città. Quel sogno di benessere, di modernità, di futuro de-

27

cifrabile e cordiale che da bambino avevo associato all'idea dell'America e che mi sembrava di vedere confermato in quelle strade ampie e luminose.

A Chicago, come a New York e in altre città americane viste tante volte al cinema, avevo sperimentato un senso di familiarità quasi domestica. La sensazione di essere a casa, a mio agio. Paradossalmente: molto meno altrove di quanto mi sentissi quando ero a casa mia per davvero.

Mi faceva effetto pensare che una persona con la quale avevo condiviso un pezzo della mia vita adesso viveva là. Era come se avesse attraversato il diaframma che divide il mondo della vita reale (e banale) da quello della fantasia e dei sogni, e fosse diventato il personaggio di un film.

Paolo era cresciuto come me sulla linea di confine fra i quartieri San Nicola, Murat e Libertà. Era cresciuto nel ritmo lievemente ossessivo delle nostre vite circoscritte e un po' claustrofobiche; e poi, con uno scatto imprevedibile, era riuscito a scappare, pensai. Con una traiettoria lunghissima e consapevole, attraverso l'Europa, l'Oceano, l'America.

E adesso era cittadino degli Stati Uniti e abitava a Evanston, Illinois, in una casa col prato, la piscina e il barbecue, aveva una di quelle macchine lunghe e incongrue, sua moglie si chiamava Meg, o Sharon, o Susan (in realtà non ce l'aveva detto come si chiamava, sua moglie), e i suoi figli mangiavano cereali a colazione, e hamburger circondati di purè di patate a cena, e forse parlavano l'italiano ma lo avrebbero dimenticato.

Mi prese una curiosità febbrile di come poteva essere la sua vita.

"Ma com'è la vita di un professore in un'università americana?"

"Tu come te la immagini?"

"Non so, io forse ho un'idea romantica, cinematografica..."

"Sì, non mi stupisce" disse un po' seccamente, e mi parve di percepire una nota sarcastica in quella risposta.

"Ma devo deluderti, temo. È una vita piuttosto regolare, diciamo pure monotona. Stiamo in università e facciamo attività didattica molto di più che in un'università italiana, ma credo che questo tu lo sappia. Lezioni, correzione di *papers*, ricevimento degli studenti, impegni amministrativi. E poi la ricerca, ovviamente."

La voce di Giampiero si incuneò nei miei pensieri. Parlava con me.

"Certo che quando eravamo ragazzi se uno avesse scommesso su chi se ne andava, fra noi, avrebbe puntato su di te. E invece, guarda la vita."

Appunto.

Scrollai le spalle con aria indifferente. In realtà non ero indifferente, e anzi quell'argomento mi metteva a disagio. Così chiesi a Paolo di parlarci ancora della vita americana.

"Non è che tutto sia fantastico, da quelle parti" fece Paolo, ancora con un tono di impercettibile riluttanza. "Le cose funzionano, hai l'impressione di fare qualcosa di utile e che il merito sia riconosciuto. Però manca qualcosa. Sono diversi i rapporti fra le persone. C'è una competizione feroce e c'è un senso di precarietà, implicito e inesorabile. Frequenti qualcuno, sono amici tuoi, credi che starete insieme per sempre. Poi questi all'improvviso partono, vanno a stare a 5.000 chilometri e magari non vi vedete più. Lo stesso succede nelle famiglie. È normale che un figlio non veda i genitori per più di un anno perché, faccio per dire, loro vivono a Philadelphia e lui sta a Seattle."

Giampiero stava per dire qualcosa, ma poi si trattenne. Lo vidi nettamente nell'espressione del suo viso che mutava, come di chi sta per parlare, e poi un pensiero gli attraversa la mente e gli dice che è meglio di no, che è meglio stare zitti. Fui certo che stava per dire quello che anch'io avevo pensato. E io avevo pensato che non era stato poi così diverso per uno che se n'era andato a vivere a 8.000 chilometri da casa salutando sua madre, una fidanzata, la sorella. Gli amici.

Questo pensiero aleggiò fra noi, e di sicuro anche Paolo se ne rese conto. Io giocherellai con un pezzo di dolce rimasto nel piatto. Giampiero verificò che il suo bicchiere fosse definitivamente vuoto. Paolo spinse indietro la sedia.

"Direi che possiamo andare a farci una bella passeggiata adesso" disse alla fine Giampiero. Spinse indietro la sedia anche lui e si alzò con un certo sforzo, per via del cibo, del vino e della mole.

"Non abbiamo chiesto il conto" fece Paolo.

"Come vi ho detto, qui non esiste conto per voi." Poi fece col capo un cenno d'intesa al proprietario che, avvicinandosi al nostro tavolo, ricambiò lo stesso gesto d'intesa. Si abbracciarono, si baciarono e noi non pagammo la cena. Nemmeno Giampiero, a dire la verità, lo fece. Supposi che avesse un conto aperto e in ogni caso non me ne importava niente. Uscimmo dal ristorante, camminammo in silenzio per qualche minuto e ci ritrovammo fra le palme di Corso Vittorio Emanuele.

Fu proprio in quel momento che le vidi. Le palme.

Non so dire perché ci feci caso in quel momento. Passo da Corso Vittorio Emanuele quasi tutti i giorni, da quando ero bambino e andavo a trovare i nonni che abitavano in un palazzo bellissimo all'angolo fra Corso Vittorio Emanuele e via Melo, dai cui balconi si poteva vedere la processione di san Nicola. Dall'alto, senza nessuno davanti, da padroni della città.

Però mi accorsi delle palme solo quella sera.

No. Così è impreciso. Me ne ero accorto e le guardavo con stupore quando ero bambino. Me lo ricordo bene, perché mi ricordo le domande che facevo ai grandi. Perché ci sono le palme a Bari? Le palme non stanno solo in Africa, nelle oasi del deserto? Ma allora Bari è come l'Africa? Mi piaceva l'idea che Bari (un luogo che non assomigliava in alcun modo agli scenari dei romanzi e dei fumetti che leggevo con avidità; non c'erano montagne, non c'erano fiumi, non c'erano animali feroci) avesse almeno qualcosa che rimandava a una dimensione esotica e avventurosa.

Da un certo momento in poi smisi di vederle. Più o meno, credo, quando smisi di fare domande agli adulti e smisi di *vedere* un sacco di altre cose.

Accorgendomi delle palme, quella sera mite di dicembre, ebbi la percezione improvvisa di quanto fossi stato per anni assente, inconsapevole. Gesti automatici, rituali meccanici, i giorni uno uguale all'altro, impossibili da ri-

31

cordare, perché erano tutti un unico identico giorno, vissuto nel dormiveglia della coscienza.

Anni prima avevo letto un articolo che parlava dell'attenzione e della consapevolezza. Provate a coprire con la mano il quadrante del vostro orologio, diceva quell'articolo. Dopo averlo coperto provate a descriverlo a memoria. Provate a dire come sono i numeri (arabi, romani, semplici trattini, inesistenti); provate a dire come sono le lancette (com'è quella delle ore, com'è quella dei minuti e quella dei secondi); dite se c'è uno spazio per la data, e com'è; dite se c'è il nome della marca, com'è fatta, di che colore è. Provateci e vi renderete conto di come quell'oggetto, che guardate decine di volte ogni giorno, non l'abbiate mai davvero guardato. La cosa mi era parsa divertente. Ripensandoci quella sera mi accorsi che non era affatto divertente. Mi diede i brividi. Mi diede la sensazione di essere uno che vive senza accorgersene.

Mi fece pensare, come non mi era mai successo, al modo in cui ricordavo i fatti del passato: vedendoli come un osservatore esterno, da una posizione diversa rispetto a quella della realtà. Spettatore di un me stesso estraneo e delle sue distratte esperienze.

Quando mi accorsi delle palme di Corso Vittorio Emanuele, quando le vidi davvero, anche nei loro dettagli di tronco, fogliame, colori, provai due sensazioni diverse e contrastanti. Esultanza, per quella consapevolezza improvvisa, e sgomento, per tutto quello che era stato sprecato.

Durò qualche secondo, come un capogiro. Poi mi ripresi, senza che gli altri si fossero accorti di nulla, e avvertii un senso quieto di benessere. Sono belle, le palme, mi dissi. È bello che un corso centrale di una città moderna abbia queste grandi aiuole con le palme. È una cosa così mediterranea, mi piace. Fu una sensazione nuova, dolce, rassicurante. Come un ritorno a casa.

Erano le undici passate, il corso si era animato, come accade sempre più o meno a quell'ora. Paolo si guardava attorno con aria stupita. La sua faccia aveva perso quell'e-spressione di leggera impazienza che aveva tenuto sotto controllo per tutta la serata ma che di tanto in tanto, ine-vitabilmente, era affiorata. Adesso sembrava meno teso nel controllo, e incuriosito. La città in cui aveva abitato, tanti anni prima, a quell'ora di sera di un giorno nel mezzo della settimana era un posto deserto. Adesso invece la strada era piena di gente, ai tavolini dei bar, sotto i funghi caloriferi; seduta sulle panchine, ammassata vicino ai lo-cali più o meno di moda.

Passeggiammo attraverso la folla. La solita, ma anche quella mi sembrò di vederla per la prima volta attraverso gli occhi stupiti di Paolo. C'erano ragazzi in giubbotto di pelle, ragazze in minigonna che sembravano tutte belle, yuppies fuori tempo massimo con cappotti costosi, signo-re, uomini adulti, artisti di strada, qualche barbone, filip-pini che vendevano fiori, guardamacchine, fascisti, comu-nisti, signore ucraine, albanesi, senegalesi, gente fuori po-sto e gente al suo posto. A volte, le due caratteristiche nel-la stessa persona.

C'era una macchina ferma, gli sportelli aperti, due ra-gazze a bordo. Dall'interno, a volume da codice penale, venivano le note di *Non è tempo per noi*.

Non è tempo per noi, e forse non lo sarà mai.

Appunto, pensai distrattamente. Ma così, senza amarezza. Ero di buon umore, per via delle palme.

E poi incontrammo Oronzo, che mi chiese se volessi un accendino.

Oronzo è un signore, come dire, un po' in carne, con i baffoni e la faccia di uno che non è ostile alle bevande alcoliche. Si materializza misteriosamente ogni notte e va in giro con la sua bicicletta vendendo accendini: a forma di rana, a forma di pesce, a forma di aragosta, con la luce che proietta una donna nuda, con le luci psichedeliche, con la torcia, con la foglia di marijuana. Sono meravigliosamente trash e tutti li comprano, inclusi i non fumatori.

Ne scelsi uno a forma di polpo, contrattai sul prezzo – bisogna sempre contrattare sul prezzo con Oronzo, fa parte del rituale – e lo comprai sotto gli occhi sempre più stupiti di Paolo.

"Ehi, che è successo a questa città? Da dove viene tutta questa gente?"

"Eccolo, l'americano. Cosa credi? Tu stai a Chicago, ma qui c'è la vita" disse compiaciuto Giampiero. Per Giampiero Bari era sempre stata il centro del mondo, e l'evidenza dei fatti non era mai stata un problema per lui.

"Da quando non ti fai una passeggiata notturna a Bari, compare?"

Paolo scrollò le spalle, sorridendo di nuovo. Non se la faceva da quando se n'era andato. Cioè da vent'anni e più. Ogni volta che tornava a Bari ci rimaneva pochi giorni, non usciva la sera e stava con la famiglia. Questo fino a quando la famiglia era rimasta a Bari, appunto. Poi il padre era morto, la madre era andata dalla sorella a Lecce e insomma: l'ultima volta che era stato a Bari era forse il '93, forse il '94.

Pensai rapidamente a cosa facevo io nel '93, o nel '94, e non mi piacque. Un altro vortice, un altro gorgo nel fiume della memoria in cui ero stato costretto a tuffarmi quella sera.

Ai miei pensieri si sovrappose la voce di Giampiero: diceva che ci saremmo fatti una bella scorribanda in macchina.

Disse proprio "scorribanda", giuro, e noi non facemmo resistenza.

Quarto

La notte a Bari alla fine degli anni '70 era un luogo buio, silenzioso e poco cordiale. Non c'era luce, non c'erano rumori né musica, non c'erano posti dove andare la sera a parte i cinema. Quelli erano tanti, anche più di adesso. Tanti, e alcuni, per le ragioni più varie, bellissimi.

C'era il Gran Cinema Oriente, il primo in cui sia mai andato nella mia vita, bambino di quattro o cinque anni; quello in cui ogni anno arrivava il nuovo film della Disney, il primo in cui sia andato da solo, a undici anni. Oggi al suo posto c'è una sala Bingo. Evito i commenti.

C'era il Gran Cinema Margherita, magnifico edificio liberty, costruito e affrescato all'inizio del Novecento sullo sfondo del cielo e del mare. Chiuso da trent'anni, praticamente in rovina. Ogni amministrazione giura che lo metterà a posto e, come si dice, lo restituirà alla città.

C'era il cinema Orfeo. Oggi sala Bingo.

C'era la misteriosa Arena Giardino, con i suoi sedili di legno tinteggiati di verde e i suoi film di Totò in certe notti di settembre, immobili e incantate. Rasa al suolo.

C'era l'ABC-Cinema d'Essai (questo il nome completo,

ma per tutti era l'ABC). Una sala minuscola a due passi dal faro, dove oggi, più o meno, sono arrivate la città, i negozi e le banche, ma dove – fra gli anni '70 e '80 – c'era una sequenza irreale di edifici diroccati e sinistri, di casette a un solo piano abitate da anziane prostitute. Passando davanti a queste casette davo sempre una sbirciata, sperando di intercettare qualche frammento di torbido erotismo mercenario. Ma lo spettacolo era sempre lo stesso: signore infagottate e sovrappeso che guardavano la televisione e, se si accorgevano di te, ti lanciavano uno sguardo invitante e sensuale come un'autopsia.

Il cinema era un'isola in questo territorio di allucinato, affascinante squallore. Pare che sia in ristrutturazione. Almeno, considerate le dimensioni microscopiche della sala, non potranno mai farci un Bingo.

C'era il Jolly, antico dopolavoro dei Postelegrafonici, che era il nostro preferito. Aveva sedili di legno scuro – i più scomodi che abbia mai provato –, era il più economico e ci andavamo un paio di volte alla settimana, all'ultimo spettacolo. E spesso, dopo il film, restavamo a chiacchierare lì davanti, sottovoce, fino a tardissimo. Ha chiuso alla fine degli anni '80 e passarci davanti mi fa sempre pensare alla casa degli Usher.

Poi c'era il Galleria, a due passi dall'università. Aveva una sala immensa, con più di mille posti a sedere. A volte ci andavamo di pomeriggio, durante la settimana. Certi martedì, certi mercoledì d'autunno capitava di essere anche solo tre o quattro persone in quella sala sterminata e deserta. Una volta, non mi ricordo nemmeno che film fossimo andati a vedere, Paolo disse che per capire fino in fondo la magia del cinema bisognava stare lì, davanti a quello schermo enorme e a quei sedili vuoti. Aveva dannatamente ragione.

Oggi quella meravigliosa sala non esiste più, e il Galleria è un cinema multiplo che però, alla fine dei conti, è sempre meglio di un Bingo.

Con tutto questo la situazione dei cinema a Bari è meglio di quella di altre città. Ce ne sono ancora tanti dove si può andare a piedi, passeggiando nel centro della città o sul lungomare. Per andare al mio preferito, però, la macchina è necessaria, ci vuole un'ottima conoscenza del territorio e deve essere estate. Questo posto si chiama Arena ai Riciclotteri: ignoro cosa significhi il nome e non ho mai cercato di scoprirlo.

La stessa persona stacca i biglietti, ti vende le birre gelate custodite in un vecchio frigo anni '60 e fa gli interventi di manutenzione sul vecchio proiettore sferragliante. Tutto è assai romantico e fuori dal tempo in quest'arena collocata fuori città, nel mezzo di nulla, fra capannoni industriali dismessi, depositi, rotaie sulle quali, nel pieno delle scene più emozionanti, rombano treni diretti chissà dove, a quell'ora della notte. Le file di sedili verdi di legno e metallo sono collocate su un pavimento di ghiaia e le facce dei frequentatori, me incluso, sembrano quelle di un gruppo di turisti da macchina del tempo, in gita premio dal passato. Se passate da Bari in estate, andate a vedervi un film in questo cinema. Se riuscite a trovarlo.

Ho divagato.

A parte i cinema, dicevo, non c'erano posti dove andare la sera. Non posti per noi, almeno.

Esistevano circoli privati – la Vela, l'Unione, il Barion – per soci anziani che essenzialmente giocavano a carte. Quei circoli privati esistono ancora. I soci sono anziani (molti sono gli stessi di trent'anni fa) ed essenzialmente giocano a carte.

Esistevano alcuni locali notturni di reputazione assai dubbia, dove si praticavano varie attività, tutte pericolosamente sul confine (e spesso oltre il confine) del codice penale e dove non ci avrebbero mai fatti entrare, ammesso che la cosa ci interessasse.

Esistevano le discoteche, naturalmente. Erano aperte solo nel fine settimana, avevano nomi vagamente pacchiani – Rainbow, Snoopy, Cellar, Merendero, Privé – e a me non piacevano: un po' per confuse ragioni ideologiche, un po' perché il mio stile di ballo ricordava quello di una foca monaca e certamente non incrementava il mio successo sociale.

Erano posti densi di fumo, musica assordante, profumo Patchouli dei ragazzi, profumo Charlie delle ragazze e, comunque la si pensasse, non erano posti dove bere una birra, chiacchierare, cazzeggiare, tirare tardi fino all'alba. Fino a tutto il 1979 posti del genere a Bari non ne esistevano. Era questa una delle ragioni per cui sognavo di andarmene via, verso una vita e dei posti più liberi, adatti a me, nei quali potessi essere me stesso e vivere secondo la mia natura. Cioè un estroso temperamento artistico, un po' cialtrone ma capace di folgoranti slanci creativi, pronto all'ubriacatura, alla rissa e soprattutto all'avventura con le donne (a loro volta, s'intende, molto ben disposte all'avventura con me).

Giuro che pensavo veramente certe stronzate quando rientravo a casa, ragazzino di diciassette, diciotto anni, nel buio delle notti degli ultimi anni '70.

Fu qualche giorno prima del capodanno 1980 che in via Netti, nel cuore profondo, maleodorante e minaccioso del quartiere Libertà, si inaugurò la Taverna del Maltese. Dopo, cambiarono molte cose.

La Taverna del Maltese era un locale *underground*, nel senso letterale del termine: era infatti in uno scantinato. Vi si accedeva scendendo per una scala ripida, che terminava in un piccolo ingresso: da lì si passava in una lunga sala a forma di L. C'erano tavolacci e panche di legno scuro, manifesti ai muri, scaffali con giochi di società; un bancone al centro, un piccolo palcoscenico con pianoforte (alquanto scordato, perché negarlo) a una estremità. La Taverna del Maltese apriva verso le nove di sera e chiudeva in orari imprecisati e imprevedibili. A volte a notte fonda, a volte quasi all'alba.

Quanto si trattasse di una totale novità, per Bari e per noi, è difficile spiegarlo. È addirittura difficile ricordarlo, adesso.

La Taverna del Maltese, e tutto quello che in breve avrebbe cominciato a girarci attorno, fece irruzione nelle notti silenziose e vuote di Bari, evocando un'umanità imprevista, notturna, sotterranea, allegra, cialtrona, tragica, ridicola, a volte anche geniale.

Erano artisti, picchiatori, musicisti, aspiranti cuochi, aspiranti magistrati, romantici, scansafatiche, cantautori, scrittori, ubriachi, pazzi, drogati, belle ragazze, anoressiche, puttane, poeti, ricchioni, lesbiche, indecisi, politici, punk, traditori della causa, spacciatori, ninfomani, liceali e professori.

La nostalgia è un'emozione che non frequento molto: ma, devo dirlo, mi fa effetto ripensare a certe notti al Maltese (per tutti, in breve, quel posto diventò semplicemente *il Maltese*) e a quell'insieme scomposto di vecchi giubbotti di pelle, sciarpe, tette, scarpe da ginnastica, odori, barbe, culi, speranze pronte a venire deluse, cuori pronti a essere infranti, segreti, amori, destini a scomparsa. Facce e illusioni risucchiate nel tempo.

L'apertura del Maltese fu un crinale. Per le nostre notti, da quel momento ci fu un prima e un dopo.

Come si fossero dati un cenno d'intesa, un sacco di personaggi in cerca di autore o perlomeno di prima occupazione, possibilmente non faticosa e che consentisse di rimorchiare, si scatenarono nell'apertura di ogni tipo di locali e ritrovi notturni, quasi tutti realizzati come variazioni sul tema: *circolo alternativo di sinistra, ma aperto alla città*.

Tutti praticavano la formula del circolo privato (anche il Maltese, che la introdusse sul modello di quello che succedeva in altre città), che significava: entrano solo i soci o gli ospiti dei soci, ma non saremo eccessivamente fiscali o cavillosi.

Funzionava così: arrivavi davanti all'ingresso e suonavi il campanello. La porta era sempre chiusa e quasi sempre c'era un campanello; se non c'era, davi dei cazzotti alla porta. Dopo un tempo imprevedibile veniva ad aprirti un tipo con barba, maglione fuori misura e, spesso, un odore corporale intenso, segno di un rivoluzionario disprezzo per l'abitudine borghese delle abluzioni troppo frequenti.

"Siete soci?" era la domanda.

Tu non eri socio e dicevi che volevi solo dare un'occhiata e, comunque, così per sapere, quanto costava associarsi?

Di regola costava diecimila, nei posti più a sinistra cinquemila, ma se insistevi ti lasciavano dare un'occhiata. Il che, nella maggior parte dei casi, consentiva di risparmiare le dieci o le cinquemila, e bastava per sempre.

Ricordo una turbinosa sequenza di nomi. Spleen, Guernica, Gotham City, Rimini, Fleurs du Mal, La dolce vita, Caffè Voltaire, Capitan Fracassa, Sherazade, Atahualpa, il Pellicano. Un manicomio, un po' allegro, un po' inquietante.

A scanso di equivoci va detto che le strade della città rimasero deserte e silenziose. Tali sarebbero rimaste per almeno altri quindici anni, quando si scatenò la movida notturna che aveva lasciato esterrefatto Paolo. Rispetto a prima, però, era possibile uscire e rifugiarsi in queste tane, quasi sempre sotterranee, dove pulsava una vita nuova e dove sembrava si nascondessero possibilità insospettate.

Oltre al Maltese i miei preferiti erano il Pellicano e soprattutto l'Atahualpa.

L'Atahualpa era in via Garruba, anch'esso nel cuore del quartiere Libertà.

Oggi il quartiere Libertà – che allora era il regno del degrado, assieme al CEP e al rione Japigia – è un posto bizzarro e interessante. Ci abitano africani, asiatici, albanesi, greci, russi, ucraini, rumeni, giovani professionisti, qualche scrittore, qualche artista, ancora un sacco di studenti fuorisede e, naturalmente, un certo numero di trafficanti, ricettatori e pistoleri. Oggi, assieme al quartiere Madonnella, è la zona antropologicamente più variopinta e più interessante della città.

A Libertà, ma anche a Madonnella (a sud-est del Teatro Petruzzelli), si possono trovare, le une vicine alle altre, case popolari affogate nel degrado e immobili ristrutturati ed elegantissimi, loft, vecchie botteghe senza insegna dove si vende di tutto (dalle stoviglie di plastica ai piccoli elettrodomestici, dai giocattoli al cibo per cani), salumerie, panifici, pescherie, palestre, boutique, laboratori, spacci dove si gioca alla birra anche alle dieci del mattino, circoli privati dove si gioca a carte (le due opzioni sono intercambiabili), sale ricreative, biliardi, negozi di elettrodomestici dall'aspetto e dal sound nordafricano, agenzie di pompe funebri, cartolerie, tabaccherie, pizzerie, stocchisti, scuole di danze latine, bische, ristoranti giapponesi, ristoranti cinesi, ristoranti arabi, posti telefonici, internet point e money transfer, supermercati etnici, negozi di giocattoli, negozi di caramelle, inattese botteghe di artisti, supermercati cinesi.

Oggi è un posto interessante per abitarci e, fra l'altro, fare la spesa costa ancora molto meno che nel quartiere Murat, solo a qualche centinaio di metri di distanza.

A cavallo fra gli anni '70 e gli anni '80 il quartiere Libertà era soltanto un posto degradato e pericoloso. L'Atahualpa era nel cuore del degrado.

Era un ristorante vegetariano e se non siete stati ragazzi a Bari negli anni '70 non potete capire che eccitante novità fosse. E poi quel nome. Atahualpa, il fiero re Inca, prima tradito e poi massacrato dall'infame Pizarro. Mi piaceva un sacco che quel nome arrivasse direttamente dalle Ande, dalle praterie della storia, fino agli anfratti delle nostre vite. Era il posto più magicamente sfigato, squallido e romantico di quegli anni. Si mangiavano zuppe di cereali andini, hamburger di soia, torte di carota e molte altre cose dai nomi improbabili, che purtroppo non riesco a ricordare. Ma non importa, perché tutto, dal primo al dessert, aveva lo stesso sapore. I camerieri avevano un'aria dolcemente assente, come se in cucina si fossero mangiati dei funghi un po' diversi da quelli che ci servivano nelle zuppe. Alcune sere nel locale eravamo solo Paolo, Giampiero e io. Era tutto deliziosamente fuori posto ed era chiaro che non poteva durare.

Quello che invece è incredibilmente sopravvissuto fino a oggi, con la stessa gestione e anche, più o meno, con le stesse facce, è il Pellicano, che nacque poco dopo il Maltese e ne era una sorta di versione estrema. Popolato da gruppettari, autonomi, punk, freak, sballati, barbuti (anche qualche barbuta) di vario genere, e molto meno disponibile – almeno all'epoca – ad accogliere gli outsider e i bravi ragazzi in cerca di emozioni *underground*.

Passando da Bari oggi conviene andarci (è in via Quarto, nel rione San Pasquale), magari una delle sere in cui là si riuniscono – e si ubriacano – a centinaia gli studenti greci. È come fare un tuffo nel passato e fra l'altro, insospettabilmente, si mangia anche bene.

* * *

Il bello di questi locali era che facilmente capitava di conoscere gente, fare amicizia e magari svoltare la serata.

Una sera, al Maltese, conobbi una ragazza. Era carina, molto alternativa e con due tette da cui era difficile staccare gli occhi. La chiameremo Bianca, anche perché questo era il suo nome.

Ero molto simpatico, disse guardandomi intensamente dopo cinque minuti che avevamo fatto conoscenza, a uno dei tavolacci comuni. Abitava non lontano, via Nicolai angolo via Brigata Regina, con due compagne di università, e quindi perché non ce ne andavamo a casa sua a farci un paio di canne? Lo disse senza porsi eccessivi problemi di discrezione, alzandosi, prendendomi per mano e portandomi via, sotto gli sguardi stupefatti di Paolo e Giampiero e quelli molto meno stupefatti dei suoi amici, che evidentemente conoscevano il copione.

Adesso bisogna dire che io mi davo grandi arie da avventuriero *bohémien*, ma fino a quella sera la mia unica trasgressione psicotropa era consistita in una sniffata collettiva di colla da falegname nell'ora di applicazioni tecniche in terza media. Che poi, detto per inciso, il professore ci aveva beccato e ci aveva fatto passare la voglia.

Ovviamente non potevo dirlo a Bianca senza farci una figura di merda e giocandomi le interessanti prospettive sessuali che la serata, all'improvviso, mi aveva spalancato. Vabbè – mi dissi uscendo dal Maltese – che sarà mai? Faccio qualche tiro perché sono un ragazzo bene educato e poi passo all'azione. Laddove l'azione che immaginavo corrispondeva a una specie di film porno interpretato da me, da Bianca e, se era davvero una serata fortunata, anche da una delle sue coinquiline.

La casa era una di quelle tipiche da fuorisede. Le due coinquiline non c'erano e così dovetti subito rinunciare alla parte più audace della mia fantasia. Bianca mi fece entrare in una cucina con mobili di scarto, sedie spaiate e odore di fumo freddo. Scomparve per qualche minuto e quando tornò aveva tolto il maglione ed era rimasta con una maglietta bianca dentro la quale scoppiavano quelle tette incredibili. Aveva con sé cartine, tabacco e uno straccio arrotolato su un oggetto dalla forma di un grosso salame o di un provoloncino. Insomma, non era un oggetto piccolissimo, e quando Bianca aprì l'involucro sul tavolo mi resi conto che si trattava di hashish. Un panetto di almeno un chilo, cioè quanto bastava per farci arrestare tutti e due se per uno stupido scherzo del destino la polizia o i carabinieri avessero fatto irruzione in quel momento.

"È parecchio, eh?" dissi con tono da intenditore.

"Ah sì, sono stata in Olanda e me ne sono portata via due chili."

"DUE chili?" Proprio non riuscii a trattenermi e la mia voce si impennò. Due chili? Ecchecazzo.

"Sì, è buonissima, vedrai. E poi è stato un affare, ho recuperato tutto quello che avevo speso vendendone metà in dosi. E ti devo dire che ci ho pure guadagnato."

Riuscii a stento a trattenermi dal ripetere ancora una volta le sue parole. *Rivendendola?* Cioè, potevi dirmelo che sei una spacciatrice. Poi magari venivo lo stesso ma mi sarebbe piaciuto sapere che la serata mi riservava un'incursione nel mondo del crimine.

"Ah, ma non è un po'… come dire… un po' pericoloso?"

"In che senso: pericoloso?"

"Cioè, sai, la polizia, i carabinieri… queste cose."

"E chi glielo deve dire alla polizia? Mica sono una spacciatrice" (sul punto, pensai, si poteva aprire un dibattito, anche se forse non era il momento opportuno), "la vendo a casa, agli amici, mica per strada."

La situazione era un po' diversa da quella che mi ero immaginato, ma insomma Bianca era pur sempre lì con quella maglietta e quelle tette pazzesche, e io, superato lo sconcerto iniziale, pensai che ero disposto a perdonarle qualsiasi cosa. Se mi avesse detto che le sue compagne in realtà erano a casa ma morte e tagliate a pezzi nel frigo (e che era opera sua) avrei preso la cosa in chiave relativistica.

"Tieni, preparane un paio per cominciare. È buonissima, prende un casino." Così dicendo mi allungò le cartine, la busta del tabacco e l'involucro con quel provoloncino marrone. Ecco, quella non me l'aspettavo. Ovvio, lei dava per scontato che fossi capace. Un tipaccio seducente come me, figuriamoci.

"Non sono molto bravo, sono un po' goffo. Forse è meglio che le prepari tu."

Lei mi lanciò uno sguardo perplesso e probabilmente per un attimo dubitò della mia affidabilità come partner per un droga party con prosecuzione sessuale. Stava anche per dire qualcosa, ma poi lasciò perdere, prese il necessario e con gesti velocissimi preparò due canne delle dimensioni di sigari avana. Io non me ne intendevo, voglio dire: non avevo visto mai prima di allora quella roba. La mia idea era che forse c'era andata giù un po' pesante e che forse quei cosi dovevano essere un po' più piccoli, ma non ebbi il coraggio di fare domande e tantomeno obiezioni tecniche.

Insomma, per farla breve, ci fumammo un sigaro di droga ciascuno. Cioè, io un po' lo fumai davvero, un po' feci finta di aspirare, ma in un modo o nell'altro alla fine il cannone era ridotto in cenere. Se si accorse che avevo fatto il furbo non me lo disse. Quando finimmo a me girava la testa e probabilmente non ero ai massimi della mia capacità argomentativa, ma tutto sommato avevo la situazione sotto controllo. In compenso lei sembrava completamente fuori di testa. Disse che dovevamo farcene subito un altro ciascuno.

Io suggerii che forse era meglio alternare le tipologie di svago. Doveva essere una battuta fantastica – pensai – perché lei si mise a ridere. Poi continuò a ridere e io pensai che sì, era una battuta fantastica, molto divertente, ma poteva anche bastare una bella risata di tre, quattro secondi. Lei invece rideva e rideva e indicava qualcosa sul muro, come se fosse lì la causa della sua ilarità. Sul muro però c'era solo una macchia di umido che a prima vista non sembrava così esilarante. Stavo facendo questa considerazione quando inopinatamente Bianca smise di ridere, si allungò verso di me e cominciò a esplorarmi la bocca con una lingua che sembrava un pitone imbizzarrito.

Era ora, ecchecazzo, mi dissi.

Ci fu una prima fase nella cucina e un seguito nella sua stanza da letto, dove fu necessario farsi spazio fra maglioni, biancheria, lenzuola, coperte, odori, bottiglie, libri, dischi, penne, quaderni, fotografie, poster, cartine (nel senso di mappe stradali), mappamondi, cartine (nel senso di carta per canne), posacenere vuoti, posacenere pieni, bastoncini di incenso bruciati per metà, scarpe da ginnastica, scarpe non da ginnastica, kefiah, poncho, un sombrero, sciarpe, una mazza di quelle che si chiamavano Stalin e venivano usate qualche anno prima dai servizi d'ordine nei cortei.

L'esperienza erotica non durò a lungo, e certamente non fu indimenticabile. Dopo, secondo il più vieto degli stereotipi, accendemmo una sigaretta – nel senso del tabacco – da fumare a metà. Chiacchieravamo, cioè lei parlava a getto continuo, senza punteggiatura, e io fingevo di ascoltare, chiedendomi distrattamente come si potesse vivere in un simile casino senza diventare pazzi. Poi mi dissi che forse lei *era* pazza e in effetti la faccenda dello spaccio di hashish costituiva un elemento a favore di questa tesi. Infine riemersi dai miei pensieri quando il suo soliloquio diventò sinistramente interessante.

"… e così, capisci, lui non ha davvero voglia di fare l'amore con me hai presente voglio dire quasi sempre non gli funziona anche se gli faccio un servizietto."

Per il caso fossi stupido o poco padrone delle sfumature della lingua e non sapessi cosa significava "servizietto", Bianca ritenne opportuno mimarne l'azione, in modo alquanto espressivo e, va detto, non particolarmente elegante. Cominciavo a sentirmi a disagio. In breve mi sarei sentito *molto* a disagio.

"E allora, capisci, secondo me è chiaro che lui preferisce Hans, voglio dire, Hans da solo, perché una volta provammo a farlo tutti e tre ma non funzionò e allora è chiaro che lui era bisessuale ma più passa il tempo e più si sposta sul versante omosessuale e allora, voglio dire non è che io non mi faccia le mie storie e ho fatto anche qualche esperienza con delle amiche lesbiche, ma alla fine dei conti a me piacciono gli uomini e insomma non vedo molto futuro per questa storia. Tu hai mai avuto qualche esperienza omo?"

Dissi che per la verità no, non avevo avuto esperienze omo e contavo anche di evitarle, nei limiti del possibile e se non mi prendevano alla sprovvista. Per la precisione dissi: "se non mi prendono alle spalle", ma ebbi l'impressione che Bianca non cogliesse il raffinato umorismo della mia risposta. In effetti continuò a parlare come se nemmeno mi avesse sentito e in breve appresi che Mario, il suo poliedrico fidanzato, amava sperimentare in molti campi e non si era negato l'esperienza dell'eroina. Individuale e di gruppo.

Quelli erano gli anni in cui impazzava il terrore dell'aids e ogni giorno si potevano leggere sui giornali articoli spaventosi e graduatorie delle categorie con le quali era più rischioso intrattenere rapporti sessuali. Le due categorie a *massimo* rischio erano gli omosessuali e i consumatori di eroina. E io mi ero appena congiunto con una fanciulla che intratteneva disinibiti rapporti con un giovane consumatore di eroina, dedito a traffici omosessuali.

Perché cazzo non sono stato a casa a leggere un libro? Perché? Tutte le sere devi uscire, vero? E adesso impara.

Mi dissi testualmente queste frasi mentre percepivo il panico farsi strada nella mia mente annebbiata.

"Ma, insomma, non... voglio dire... non ti preoccupa?"

"Cosa?" fece lei accendendosi un'altra sigaretta e poi porgendomela. Ma a me era passata la voglia di fumare. E in generale mi era passata la voglia di condividere con lei saliva o altro.

"No grazie, ho fumato troppo. Ma tu non hai... non hai paura di... voglio dire non hai paura delle malattie?"

"Quali malattie?"

Quali malattie? Ma allora sei demente. Che malattie secondo te? L'osteoporosi? La gotta? La piorrea alveolare? L'AIDS, cazzo!

"Be', di questi tempi si sentono tante cose sull'aids. Così, tanto per parlare, ma tu non ti sei mai fatta le analisi?"

"Guarda, io di queste cose me ne fotto. A parte che secondo me in questa storia c'è un sacco di disinformazione imperialista" (lo giuro, disse esattamente così: disinformazione imperialista) "ma comunque io credo ci voglia un po' di sano fatalismo. È inutile agitarsi, farsi le analisi e cazzate simili. Se ti deve succedere ti succede, se devi morire, muori."

Muori tu, fanculo.

Giuro che stavo per dirlo, dovetti trattenermi mentre cominciavo a figurarmi come, nel mezzo della malattia e del relativo calvario, mi sarei ricordato di quell'assurda serata e della mia stupida imprudenza. Ero uscito di casa sereno, pieno di salute, di gioia di vivere, di meravigliose prospettive e adesso mi accingevo a ritornarvi con una grave infezione, come una bomba a orologeria. Come avrei ricordato con nostalgia il *prima* di quella sera nefasta. La mia infanzia, la mia adolescenza felice (beh, durante la mia adolescenza non ero stato proprio di questa opinione, ma in quel momento non ero incline alle sottigliezze), i miei genitori, mio fratello. La mia prima ragazza, così carina e che non andava in giro facendo orge con pervertiti, drogati e ricchioni.

Lo so, non è politicamente corretto, non è di sinistra, è rozzo. Ma fu proprio quello che pensai in quel momento di terrore puro.

Chissà, mi domandai, se c'era modo di fare qualcosa lavandosi *molto* bene subito dopo il *fatto*.

Scartai l'ipotesi con il barlume di lucidità che mi rimaneva e mi dissi che, comunque, volevo togliermi di là, da quei mucchi di vestiti indistinti e di oggetti dalla dubbia reputazione e dall'ancor più dubbia igiene. Dissi che dovevo andare perché due giorni dopo avevo un esame e dovevo sfruttare l'ultimo giorno per ripassare. Ma non le avevo detto che avevo fatto un esame tre giorni prima? E sì cazzo, pure una memoria di merda. Sì, sì, ne avevo fatto uno tre giorni prima e adesso dovevo farne un altro. Avevo voluto metterli uno dopo l'altro perché volevo spicciarmi e insomma scusa ma adesso devo proprio andare.

"Mi è piaciuto un casino stare con te stasera. Ci rivediamo presto, vero?"

Ma certo, garantito. Ci rivediamo prestissimo, così facciamo una bella orgia con Hans, Mario e qualche altro loro amico. Una roba casereccia a base di sesso non protetto, scambio di aghi infetti e chi più ne ha più ne metta.

Quando abbiamo finito magari andiamo a cena all'osteria "Dagli all'untore".

"Presto, sì. Lasciami il tuo numero che ti richiamo subito dopo l'esame."

Contaci.

Non presi l'aids. Per un po' di tempo evitai di frequentare il Maltese. Come si può immaginare, non desideravo incontrare Bianca, che effettivamente ho rivisto solo molti anni dopo a una festa di compleanno con almeno duecento invitati. Fa il medico e pare sia anche brava. Ci hanno presentati, lei non ha dato alcun segno di riconoscermi, abbiamo scambiato qualche parola cortese e poi è scomparsa tra la folla.

Non ho avuto il coraggio di chiederle come stessero Mario e Hans.

Quinto

Giampiero uscì faticosamente dal parcheggio e puntò verso sud. Percorremmo il lungomare, superammo i palazzi in stile fascista (a onor del vero non brutti, muniti di una loro dignità stilistica) della Provincia con la Pinacoteca, dell'Aeronautica, dei Carabinieri, del Corpo Forestale; arrivammo all'altezza della spiaggia Pane e Pomodoro e poi raggiungemmo il parco di Punta Perotti.

"Ehi, non era qui che c'erano quei palazzi che hanno buttato giù?"

"Sì, e per me hanno fatto una cazzata" fece Giampiero. "Un sacco di miei clienti avevano comprato gli appartamenti e si sono ritrovati questa bella fottitura, senza nessuna colpa."

"Era una lottizzazione abusiva" dissi io dopo aver riflettuto un istante, chiedendomi se avevo voglia di ingaggiare con Giampiero una discussione sulle implicazioni giuridiche, economiche e sociali della demolizione del complesso di Punta Perotti. Fortunatamente lui si limitò a scrollare le spalle e a scuotere la testa.

La storia, in estrema sintesi, è questa. Alcuni importan-

54

ti costruttori baresi avevano realizzato un complesso di grattacieli di lusso alla fine del lungomare sud, deturpando il panorama della città. Un'indagine dei magistrati aveva accertato – a lavori ancora in corso – che le concessioni erano illegittime e che, in sostanza, si trattava di una colossale lottizzazione abusiva. I palazzi erano stati sequestrati e la battaglia giudiziaria, con le connesse polemiche politiche e giornalistiche, era durata quasi dieci anni.

Poi, una bella giornata di sole della primavera 2006, il lungomare era stato chiuso al traffico, il più grosso dei tre grattacieli era stato farcito con centinaia di cariche esplosive e alle 10.31, con un solo minuto di ritardo sull'orario previsto, davanti a decine di migliaia di persone e a televisioni da tutto il mondo, era imploso in un silenzio incomprensibile e surreale, producendo solo un gigantesco sbuffo di polvere simile a borotalco. Nei giorni successivi erano andati giù anche gli altri due, la città aveva riavuto il suo panorama e nell'area rimasta libera era stato realizzato un bel parco.

Per dire che le cose, talvolta, vanno come dovrebbero.

"Ho visto la demolizione su qualche tv satellitare, e poi su internet. Pazzesco, non ci potevo credere che a Bari aveste fatto una cosa del genere" disse Paolo.

Repressi la punta di fastidio che mi diede quella frase, e repressi l'impulso a dirgli qualcosa di sarcastico sulle sue parole e sul suo implicito rifiuto dell'appartenenza alla città in cui era nato e cresciuto. Così superammo in silenzio il Parco Perotti e, alla fine della strada a quattro corsie, invertimmo la marcia per rientrare in città.

La vista di Bari arrivando da sud, di notte, è la mia preferita. C'è il mare, scuro ma non minaccioso, c'è la linea del lungomare e poi del porto, piena di luci e promesse, ci sono gli edifici più alti – la torre della Provincia, il campanile della cattedrale di San Sabino, il grattacielo della Motta, costruito dove un tempo esisteva la prima casa del Borgo murattiano – che danno ritmo alla silhouette della città, ci sono i lampioni di ghisa e gli zampilli nel mare. Tutto, entrando da quella parte, comunica un senso di piccola metropoli, cordiale e accogliente. È bello.

* * *

Percorremmo il lungomare abbastanza rapidamente e cominciammo a rallentare per il traffico man mano che ci avvicinavamo di nuovo al Margherita. Quando arrivammo su Corso Vittorio Emanuele il caos era aumentato: auto, moto, vigili urbani che cercavano di controllare i parcheggi in doppia fila, grappoli di ragazzi che debordavano dai marciapiedi sulla strada, musica che veniva fuori da macchine con finestrini abbassati e impianti stereo ipertrofici. Il gigantesco SUV procedeva, come tutte le altre macchine, a passo d'uomo.

Paolo era sempre più stupefatto.

"Ma da dove sbucano tutti questi? Cosa è successo in questa città? C'è stato l'incremento demografico o cosa?"

"Sembra incredibile, vero? È così da una decina di anni, da quando hanno rimesso a posto la città vecchia" disse Giampiero.

"Vengono tutti qui in centro anche perché non ci sono più posti bui, in periferia" aggiunsi io, in vena di analisi socio-antropologiche.

"E che significa?" chiese Paolo.

Significava che quando noi eravamo ragazzi l'illuminazione pubblica aveva le sue carenze e dunque c'erano un sacco di fantastici posti bui, che la sera si popolavano di macchine oscillanti, piene di ragazzi in preda a tempeste ormonali. I ragazzi erano là, a quei tempi.

Erano sulle pietraie dopo la fine del lungomare Perotti; erano in certe losche stradine di Mungivacca, Palese e Santo Spirito; erano nei paraggi della pineta San Francesco; erano attorno al faro di San Cataldo, erano in tanti anfratti del quartiere San Girolamo, quando il quartiere San Girolamo era un posto selvaggio, frequentato solo dai contrabbandieri, dalle puttane e dai frequentatori del cinema ABC. Categorie che, di regola, tendevano a non mescolarsi.

Adesso le pietraie a sud del lungomare Perotti sono di competenza esclusiva delle prostitute, i paraggi della pineta sono insopportabilmente illuminati e la zona circostante il faro è anch'essa ben illuminata e, soprattutto, ben recintata. E comunque il quartiere ha cambiato volto in modo tale che a nessuno verrebbe in mente di andarsene a scopare da quelle parti.

Paolo mi guardò senza fare commenti, come si guarda uno che dice cose bislacche.

Arrivammo a fatica nel segmento centrale di Corso Vittorio Emanuele, fra la Prefettura e il Teatro comunale, intitolato a una delle non molte glorie baresi: Niccolò Piccinni, musicista del Settecento. Bari è molto soddisfatta di questo suo figlio, ma lui non doveva essere molto soddisfatto di Bari, perché alla prima occasione se la filò per non tornare mai più. Andò a studiare a Napoli, diventò compositore, musicò alcune delle opere buffe più importanti del secolo, andò a Parigi, tornò a Napoli, si mosse parecchio per l'epoca, insomma. A Bari non lo rivide nessuno. I baresi non hanno portato rancore per questo, gli hanno dedicato una statua, una via importante, il Teatro comunale, appunto, e hanno collocato una targa sulla casa in cui nacque e passò i primi anni della sua vita.

Passammo davanti al Piccinni, dove era appena finito uno spettacolo e il caos era aggravato dall'uscita del pubblico. Procedevamo lentissimi e, mentre Paolo e Giampiero continuavano a parlare, io a poco a poco mi distrassi dalla conversazione. Ascoltavo solo il suono delle loro voci, il mescolarsi degli alti e dei bassi, l'inflessione barese di Giampiero e quell'accento estraneo che si portava appresso Paolo. Ero attratto ipnoticamente dallo schermo del navigatore satellitare. Non ne avevo mai avuto uno, anche se ovviamente ne avevo visti tanti, ma non c'avevo mai fatto davvero caso.

Quella sera stava succedendo qualcosa. Dopo essermi accorto delle palme mi ero accorto del navigatore satellitare e di come funzionava. Sul monitor si vedeva, colorata e in tre dimensioni, la mappa della zona in cui passava la macchina. La via che stavamo percorrendo, le parallele, le perpendicolari. A sinistra via Piccinni, a destra, oltre la riva della città vecchia, Strada del Palazzo dell'Intendenza, e poi, perpendicolari, via Sparàno da Bari, via Andrea da Bari, via Roberto da Bari.

Per inciso, i signori Sparàno e Andrea da Bari erano giureconsulti e la loro impresa principale – unica – era consistita nella raccolta delle consuetudini medievali baresi. Posso dirla tutta? Il fatto che alcune delle strade più importanti della città siano intitolate a giureconsulti di seconda fila non mi ha mai entusiasmato. Mi sarebbe piaciuto che il Medioevo barese, o qualsiasi altra epoca, avesse avuto di meglio da offrire per la toponomastica cittadina. Ma non è così. Sfortunatamente non vi è memoria di un grande poeta, di un grande pittore, e nemmeno di un grande giurista.

In quelle vie – a chiunque fossero intitolate – ero passato migliaia di volte, e però mi sembrava di scoprirne l'esistenza solo quella sera, attraverso quel monitor luminoso. I nomi si materializzavano sullo schermo colorato e rendevano vere, concrete, entità che fino a quel momento erano state vaghe, evanescenti. I nomi delle strade, il senso dei luoghi, la mia stessa collocazione in quei luoghi.

Provai un senso di rivelazione, una lieve euforia e anche un'altra sensazione che non riuscii ad afferrare. Come se ci fosse un'altra cosa importante da capire, a portata di mano, e però mi mancasse qualche millimetro metaforico per raggiungerla.

Mi accorsi confusamente che Paolo e Giampiero stavano parlando della squadra di calcio del Bari – argomento che nella classifica dei miei interessi rivaleggia con *la vita quotidiana degli opossum* e con *i nuovi orizzonti nella coltivazione della barbabietola* – mentre la macchina riusciva finalmente a sottrarsi al traffico di Corso Vittorio Emanuele e scivolava su Piazza Massari.

Il navigatore mi informò che in parallelo a Piazza Massari c'era via Boemondo, e quella era la prima volta che me ne rendevo conto. Voglio dire: sapevo benissimo che in un certo punto della città, molto vicino a Piazza Massari, a Corso Vittorio Emanuele, alla Prefettura e al Castello Svevo, c'era una via intitolata a Boemondo d'Altavilla, principe di Antiochia. Ma solo in quel momento mi rendevo conto delle posizioni reciproche delle vie e delle piazze; solo in quel momento mi sembrava che quei luoghi acquistassero senso, mentre mi rendevo conto delle relazioni fra i punti nello spazio.

Superammo Piazza Massari e costeggiammo il castello. Concentrato sul monitor, stavo scoprendo quello che avevo sempre saputo senza saperlo, e cioè che a sinistra c'erano via Murat con la Questura e davanti a noi Corso Vittorio Veneto, quando mi accorsi che Giampiero e Paolo avevano smesso di parlare del Bari.

"Allora dai, ci fermiamo dieci minuti" disse Giampiero infilando il suo camion di lusso in un posto riservato ai disabili.

Non avevo capito bene per quale motivo ci eravamo fermati e scendevamo dalla macchina. Non chiesi nulla, però, perché non mi andava di far vedere quanto mi fossi estraniato.

"Sono più di vent'anni che non mi avvicino al castello", disse Paolo guardandosi attorno come uno che cerchi dei punti di riferimento perduti: e così capii per quale motivo eravamo scesi. Attraversammo i giardini e arrivammo al muretto che circonda il fossato del castello. A poche centinaia di metri dalla movida notturna, forse per la vicinanza con la Questura, quel giardino era rimasto uguale: silenzioso, deserto, leggermente inquietante. Le piante erano spelacchiate e nelle aiuole non c'era prato, ma solo terra polverosa, indurita dagli anni e da migliaia di passi.

Ci sedemmo sul muretto e io mi resi conto che avevo voglia di una sigaretta.

"Ovviamente nessuno di voi fuma ancora?" chiesi.

"Perché, tu fumi ancora?" fece Paolo, come chiedendo se stupravo ancora bambini.

"Chiaramente si è tolto il vizio. Di comprarle, le sigarette." Giampiero ridacchiò ripetendo la sua vecchia battuta, un po' usurata, come tutto. Poi aggiunse: "Io ho sempre un pacchetto in macchina, da quando ho smesso di fumare. Per tua fortuna la macchina è nuova e così le sigarette che ci sono dentro non sono d'annata e non dovrebbero puzzare di cacca di mulo, come quelle che erano nell'altra."

Si alzò dal muretto – sembrava contento di farmi questa piccola cortesia, e la cosa mi commosse un po' –, andò alla macchina e ne tornò con un pacchetto di Marlboro gialle. Il pacchetto era ancora sigillato e così potetti godermi tutto il rituale: lacerazione dell'involucro, apertura del pacchetto, accartocciamento della stagnola, estrazione della sigaretta, accensione.

"Non ci posso credere che fumi ancora" insisté Paolo, con la stessa nota, lieve ma percepibile, di aggressività.

Stavo per rispondergli che no, non è che fumassi, rubavo qualche sigaretta quando la trovavo, ma non le compravo mai, e questo significava che c'erano dei giorni che non ne fumavo nemmeno una, e che massimo due o tre sigarette al giorno non era fumare.

Ma poi mi parve assurdo ripetere quella serie di stupidaggini che avevo recitato tante volte quando qualcuno mi aveva fatto la stessa domanda. Così feci un bel tiro, intenso e profondo, e poi gli risposi.

"Sì, fumo ancora. E sono sicuro che anche tu muori dalla voglia di fartene una."

"Ti sbagli proprio", e dal suo tono, dall'espressione mi resi conto che mi sbagliavo proprio. Aveva smesso, chissà quanto tempo prima, e non aveva nessuna voglia di riprovare.

"Quanto tempo fa hai smesso?"

"Poco dopo essermene andato. Prima che diventasse tutto vietato dalle mie parti. Diciamo che sono stato pronto quando sono arrivati i divieti. Adesso non si fuma nemmeno nei giardini, dalle mie parti."

Disse "dalle mie parti" proprio come uno che viene da un altro posto, che *appartiene* a un altro posto. L'America sterminata erano "le sue parti".

In teoria lì dove eravamo dovevano essere le *mie* parti. Ma io non lo sapevo quali erano le mie parti, e se ce le avevo.

"Ragazzi, ma voi non siete mai stati dei veri fumatori. Io lo ero e infatti ho dovuto smettere prima che finisse male. Ero arrivato a due pacchetti, poi sono andato da quel medico ucraino che fa smettere con l'ipnosi. E ha funzionato. Tre anni che non tocco una sigaretta" disse Giampiero. "E comunque anche qui adesso è vietato fumare dappertutto."

"E incredibilmente la gente rispetta il divieto, ho visto" fece Paolo.

Ecco un'altra cosa che non riesco a sopportare. Viene qualcuno dall'estero e inevitabilmente si finisce a parlare del fatto che, incredibile, gli italiani (addirittura i meridionali) rispettano il divieto di fumare. Ogni volta che sento questo discorso mi vien voglia di dare una testata al responsabile. Più o meno come quando sento dire che il clima sta cambiando, che non ci sono più le stagioni intermedie, che *i giovani d'oggi non hanno interessi noi eravamo diversi.*

Riuscii a trattenermi dal dare una testata a Paolo; anche Giampiero lasciò cadere l'argomento e rimanemmo così, seduti sul muro, io a finire la sigaretta, loro senza dire niente, a pensare chissà cosa.

Paolo ruppe il silenzio.

"Ci stanno ancora quelli che friggono le sgagliozze?"

Mi fece un effetto strano sentirgli pronunciare quelle parole antiche. Le sgagliozze sono sottili fette di polenta, fritte in olio di freni per tir (o in qualcosa che gli assomiglia molto) e vendute a Bari Vecchia, per strada. Tipico e buonissimo cibo da strada barese. Salutare come il crack.

Quando spiego cosa siano le sgagliozze l'immediata (e del tutto legittima) domanda è sempre: cosa c'entra la polenta con Bari? Voglio dire: ti aspetteresti che la polenta fritta sia il tipico *street food* di Ponte di Legno o Pergine Valsugana. A Bari, attenendoci a categorie un po' ovvie, per strada, nei cartocci di carta da panificio, dovrebbero vendere le cozze fritte.

Sta di fatto però che nella città vecchia da sempre ci sono questi personaggi pittoreschi che friggono fettine di polenta e le vendono, alla faccia dell'ente nazionale per la protezione del fegato.

"Ci stanno ancora" risposi, "sotto la Muraglia vicino a San Nicola e a Piazza Mercantile, stanno."

"Le sgagliozze. Assurdo. Non dicevo questa parola da venticinque anni e adesso che l'ho pronunciata mi sta facendo venire in mente tante cose che mi ero dimenticato. A cominciare dall'odore tremendo che veniva da quell'olio. C'era una vecchia che vendeva le più buone di tutte."

Si zittì e cominciò a vagare con lo sguardo, a recuperare ricordi svaniti. Si distrasse per davvero solo in quel momento e vidi le sue labbra che si piegavano in un sorriso finalmente non forzato. Poi il sorriso si trasformò in una risatina.

"Perché ridi?" gli chiese Giampiero.

Paolo a quel punto rise più forte, come se un pensiero o un ricordo irresistibilmente comico si fosse impossessato di lui. Rideva così di gusto che anche noi, senza sapere per quale motivo, cominciammo a ridere.

"Insomma, perché cazzo stai ridendo così?" insisté Giampiero.

"Mi sono ricordato dell'ultima volta che sono capitato da quella vecchia, e per quale motivo non ci sono andato più, dopo."

"Per quale motivo?" chiesi io.

"Perché la vecchia puttana, prima di arrotolare il mio cartoccio, si diede una bella grattata al culo, infilandosi la mano sotto la gonna e – non posso escludere – anche sotto le mutande."

"Ma eri solo?" chiesi.

"No, ero con te."

"E non mi hai detto niente, stronzo?"

"No, anzi credo di averti offerto anche le mie sgagliozze. Tu come al solito avevi già finito le tue e poi mangiavi così di gusto. Perché avrei dovuto rovinarti il piacere?"

Dissi che ero sempre stato convinto che lui fosse un vero stronzo e che gli ero grato per avermi finalmente offerto un argomento concreto per sostenere questa mia tesi. Ridevamo tutti e tre. Mi sembrava ancora che stessimo recitando una parte, ma adesso almeno mi pareva che lo facessimo in modo un po' più rilassato.

Quando smettemmo di ridere Paolo tirò fuori dalla tasca del giaccone la bottiglietta di grappa che gli aveva regalato il ristoratore, la aprì, se la portò alla bocca e ne tirò un lungo sorso. Io pensai al modo in cui si riempiva e svuotava il bicchiere a tavola, provai disagio e distolsi lo sguardo.

"Ma non era a questi giardini che portavi il cane?" disse dopo aver bevuto un altro sorso, come si fosse ricordato di una cosa che voleva chiedermi da tempo.

Era a quei giardini che portavo il cane. In realtà lo portavo quasi dappertutto, almeno nei primi anni. Stavamo sempre insieme, quel cane e io.

"Sì, lo portavo qua."

"Era già vecchio quando andai via. Quando è morto?"

Era morto cinque anni dopo la partenza di Paolo e sedici anni dopo essere venuto al mondo in qualche sperduta masseria delle Murge rocciose.

Era vissuto a lungo, il vecchio Randy, ed era stato un cane felice.

Sesto

Gli animali mi erano sempre piaciuti, fin da quando ero piccolo. E fin da piccolo dichiaravo che avrei fatto lo zoologo o il cacciatore di belve feroci. L'antitesi etica e concettuale fra le due professioni mi sfuggiva o forse la ritenevo un dettaglio trascurabile. In entrambi i casi avrei avuto modo di occuparmi di animali, possibilmente grossi e selvaggi, e tanto bastava.

La vera svolta accadde però con *L'anello di re Salomone* di Konrad Lorenz. Una trentina d'anni fa non avrei spiegato chi era Konrad Lorenz e cos'era *L'anello di re Salomone*, perché l'uno e l'altro erano molto popolari, direi anche piuttosto di moda. Oggi se li ricordano in pochi.

Konrad Lorenz, come si legge sulle enciclopedie, è stato il fondatore dell'etologia, cioè la scienza che studia il comportamento animale. Vinse il premio Nobel nel 1973, scrisse testi scientifici sull'evoluzione e sull'aggressività umana, insegnò all'università di Heidelberg, ma soprattutto pubblicò libri divulgativi sull'etologia che a metà degli anni '70, dopo che ebbe vinto il Nobel, divennero molto popolari. Il più importante e famoso era appunto *L'anello di re Salomone*, che raccontava le avventure con gli animali di Lorenz, la cui fotografia in copertina – barba e capelli bianchi, aria sorniona – dava l'idea di un vecchio zio, saggio ma non palloso. Uno di quelli che ti insegnano e ti lasciano fare cose che i tuoi genitori ti vieterebbero tassativamente e – secondo la tua opinione – ingiustificatamente.

Il libro me lo regalò mio padre. Io lo lessi in due giorni e subito dopo lo lessi di nuovo. Anche se i miei capitoli preferiti erano quelli sui cani, in generale mi sembrava fantastico che esistesse un lavoro – l'etologo – in cui si veniva pagati (presumevo che si venisse pagati perché in effetti sul punto Lorenz non dava esplicite garanzie) per oziare tutto il giorno osservando gli animali. Così presi la mia decisione e la comunicai in famiglia: da grande avrei fatto l'etologo, e nell'attesa, per cominciare la mia preparazione, dovevo procurarmi un cane.

Sulle prime queste mie dichiarazioni passarono praticamente inosservate. Va detto che da ragazzino ero incline a formulare proclami di vario genere (uno di quelli ricorrenti era che mi accingevo ad andare via di casa) e i miei genitori tendevano a non darmi troppa importanza. Per quello che li riguardava avrei anche potuto dire che da grande volevo fare lo spacciatore di eroina e che a casa volevo portare un pitone antropofago. La reazione sarebbe stata più o meno la stessa. Erano convinti che il giorno dopo avrei elaborato nuovi progetti e che, in sostanza, fossi solo un piccolo cialtrone innocuo.

In generale avevano ragione. In quel caso però non abbandonai il proposito poco dopo averlo formulato. Cominciai a ripetere con cadenza giornaliera, ore pasti, che dovevo avere un cane, per cominciare con il dovuto anticipo la mia carriera di etologo.

La parte più interessante del fenomeno si verificava però fuori casa. Passavo i pomeriggi a ispezionare negozi di animali, mi fermavo a chiacchierare, chiedevo informazioni sulle cucciolate in arrivo, comparavo i prezzi.

Poi presi a spendere la mia paga settimanale e i miei risparmi comprando libri sui cani. Questo fenomeno fu notato, e cominciò a preoccupare i miei genitori.

Ogni tanto mia madre, nel caos della stanza che dividevo con mio fratello, trovava un nuovo testo. Tipo: *I cani da guardia e da difesa*, oppure: *Addestrare il vostro dobermann*, oppure ancora: *Il veterinario autodidatta*. Una volta entrando in camera la trovai che sfogliava, orripilata: *L'alano in appartamento. Una convivenza esaltante.*

Va bene, *L'alano in appartamento* me lo sono inventato, ma giuro che c'erano libri di questo genere, in giro per la stanza.

A questi ritrovamenti seguivano conversazioni che col tempo (man mano che appariva chiaro che nel caso di specie il mio grado di determinazione era superiore rispetto a progetti come: "vado via di casa" o "voglio realizzare una camera oscura nel bagno di servizio") divennero sempre più concitate.

"Devi smetterla con questa fissazione e devi finirla di buttare i tuoi – cioè i nostri – soldi in queste sciocchezze."

"Perché?"

"Perché non avrai mai un cane. Un cane in questa casa n-o-n e-n-t-r-a. È chiaro?"

"Perché non vuoi?"

"Non è che non voglio". Era a questo punto che di solito cercava di controllare l'esasperazione e di comunicare un'immagine dialogante. "È che io lo so cosa vuol dire avere un cane. Bisogna badarci, bisogna portarlo fuori almeno tre volte al giorno. Bisogna curarlo. Bisogna pulire quando sporca." E cominciava a raccontarmi di quando, prima di sposarsi, aveva avuto un cane ed era stata costretta a darlo via. Abbaiava, i vicini si lamentavano, il cane era aggressivo ed era diventato impossibile andare avanti.

"E poi non lo sai quanto si soffre se si è costretti a darlo."

"E perché dovremmo darlo? Penserei a tutto io e poi lo addestrerei e non abbaierebbe e non sporcherebbe."

A quel punto il copione prevedeva l'ingresso in scena di mio padre, nel ruolo del poliziotto cattivo. Era lui che fra l'altro mi suggeriva di non farmi venire idee sbagliate sulla possibilità di metterli di fronte al fatto compiuto portando a casa un cucciolo. Questa parte dell'argomentazione includeva di regola anche la colorita prospettazione di varie conseguenze – nessuna delle quali piacevole – cui sarei andato incontro nel caso non mi fossi attenuto alle disposizioni.

* * *

Su Corso Cavour, all'angolo con via Dante, proprio davanti al Caffè Saicaf, quasi tutte le mattine verso le dieci arrivava un piccolo motocarro arrugginito e sovraccarico. Ne scendeva un uomo basso, anziano, la faccia da faina, butterata e incattivita. Aveva una coppola, un fazzoletto legato al collo e lunghi peli neri sulla punta del naso. Di mestiere faceva il venditore ambulante di animali.

Quel motocarro era una specie di arca di Noè, scassata, puzzolente di stalla e piena di meraviglie.

C'erano conigli, colombi, tortore; c'erano pulcini, galline e galli, le cui teste venivano fuori dalle sbarre di gabbie minuscole; c'erano porcellini d'India, oche, tacchini, gatti, canarini, pappagalli e parrocchetti. A volte c'erano anche volpi, donnole, ricci, gufi, che l'omino con la coppola aveva catturato chissà come nelle boscaglie della Murgia e che stavano lì, spaesati come emigranti alla frontiera di un paese straniero. Le volpi in particolare me le ricordo per via della loro espressione disperata. Sembrava quella di chi, nato libero, ha compreso oscuramente di essere destinato a una vita e a una morte in prigionia. Fra tutti gli animali intrappolati le volpi mi mettevano davvero tristezza.

C'erano sempre delle grosse tartarughe di terra, e quelle invece mi facevano un po' paura: avevano il muso cattivo e un'espressione maligna da creature ctonie. Le tartarughe sono simpatiche a tutti, ma a me sembrava – guardandole diritto in quegli occhi piccoli e ostili – di coglierne la diversa, autentica e tenebrosa natura. Se avessi potuto mi sarei comprato tutti gli animali dell'arca, esclusi i polli perché mi sembravano stupidi e le tartarughe perché mi sembravano cattive.

E poi, ogni tanto, c'erano anche delle cucciolate di cani.

* * *

Era una mattina di marzo, facevamo il quarto ginnasio e quel giorno c'era sciopero. Il mio amico Marco e io non eravamo entrati a scuola e nemmeno avevamo voglia di andare alla manifestazione, e così decidemmo di comprarci un pezzo di focaccia e di farci un giro. Dai giardini di Piazza Garibaldi percorremmo tutto Corso Vittorio Emanuele, superammo il grattacielo della Motta e girammo su Corso Cavour. A quel punto, come al solito, io dissi che magari potevamo arrivare alla Saicaf e vedere se c'era il vecchietto degli animali. Marco, che non comprendeva ma tollerava la mia fissazione, scrollò le spalle come per dire che per lui un posto valeva l'altro.

L'apecar era lì, l'uomo stava armeggiando con delle gabbie e vicino a lui, sul marciapiede, c'era uno scatolone con il fondo pieno di paglia. Sulla paglia dormivano due grossi cuccioli con il pelo ispido e le zampe grosse, uno scuro e l'altro fulvo.

Non so dire esattamente per quanto tempo rimasi a guardarli, quei cuccioli, ma ricordo bene che qualcuno aveva una radio accesa, e che un uomo bestemmiò in dialetto, e che dal vicino Panificio Veneto arrivava il profumo della focaccia, e che l'aria era fresca e nitida, e che il mio cuore batteva veloce quando finalmente trovai il coraggio.

"Quanto costano?" chiesi all'uomo con la coppola che mi dava le spalle e stava vendendo due uccelli male in arnese a un tipo dall'aria equivoca.

Si girò, e mi guardò con i suoi occhi sospettosi. Probabilmente si chiedeva se ero uno dei tanti ragazzini che chiedevano così per chiedere, e per fargli perdere tempo.

"Seimila" disse infine. E poi, pensando che forse ero proprio il pollo giusto, aggiunse: "Sono figli di un pastore tedesco."

Era una delle bugie più spudorate che abbia sentito nella mia vita, perché i due cuccioli erano indiscutibilmente due bastardi purissimi. Ma a me non importava. Volevo un cane con tutte le mie forze e mi sembrava che fosse arrivato il momento.

Il mio amico Marco – da sempre un tipo con la testa sulle spalle – disse che avremmo fatto meglio ad andarcene. Che *io* avrei fatto meglio ad andarmene. Non gli diedi ascolto e mi girai per controllare quanti soldi avevo in tasca.

"Ho solo quattromila" dissi all'uomo dell'apecar.

"Per quattromila ti do questo" rispose indicando il fulvo, che era un po' più piccolo e ancora meno somigliante dell'altro a un pastore tedesco.

Stavo cercando il coraggio per fare un rilancio e dire che gli davo quattromila ma volevo quello nero, prendere o lasciare, quando il fulvo si alzò e si avvicinò scodinzolando verso il bordo della scatola. Cioè verso di me. Io lo accarezzai sulla testa e ricordo la consistenza del suo pelo, duro come la saggina; e poi la sua lingua umida che leccava le mie dita in segno di amicizia, mentre l'altro continuava a dormire ignaro, sulla paglia.

Dopo, tutto si svolse piuttosto rapidamente, o perlomeno io lo ricordo così. Allungai i soldi al vecchio e quello li prese, facendoli subito sparire nella giacca. Il mio amico Marco mi guardava allibito. Io evitai il suo sguardo, presi in braccio il cucciolo e me ne andai camminando veloce.

"E adesso cosa dici ai tuoi genitori?"

La storia mi venne pronta, naturale e completa.

"Cosa *diciamo* ai miei genitori. Stavamo facendo una passeggiata a Piazza Umberto quando abbiamo visto dei ragazzi che prendevano a sassate questo cucciolo. Siamo intervenuti e li abbiamo messi in fuga. A quel punto però non potevamo lasciarlo lì e così l'ho preso. Non avevamo scelta, perché se l'avessimo lasciato quelli sarebbero tornati e lo avrebbero ucciso, sicuramente."

"Non ti crederanno."

"Ci crederanno. A me, e a te."

"Tu sei pazzo, io non ci vengo con te a raccontare questa storia. Tuo padre è incazzuso, non se la beve e ci fa il culo a tutti e due."

Effettivamente mio padre era un po' incazzuso e l'ipotesi che ci facesse il culo a tutti e due non era irrealistica. Nondimeno, un quarto d'ora dopo eravamo a casa e Marco – che era davvero un amico – raccontava con molta convinzione di come ci fossimo coraggiosamente battuti contro forze soverchianti per salvare il cucciolo.

Mamma e papà ci guardavano esterrefatti, e ancora oggi ignoro se quella storia se la siano bevuta davvero o se, più semplicemente, non gli sia riuscito di fare la parte dei duri fino in fondo. Sta di fatto che, contro ogni previsione, dissero che va bene, avremmo fatto un tentativo. Dovevano essere chiare alcune cose, però. Molto chiare. Io mi sarei dovuto occupare di tutto e il cane non avrebbe dovuto sporcare, abbaiare, puzzare, sbranare divani, azzannare ospiti, ammalarsi e trasformarsi in un volpino (mia madre odiava i volpini). Io ero pazzo di gioia e dissi che certamente tutte quelle regole sarebbero state rispettate, e in particolare mi dava fiducia il fatto che la bestiola sembrava tutto fuorché un volpino. Si trattò dell'unica previsione azzeccata, come avrei scoperto nei mesi e negli anni successivi. Comunque fu proprio in quel momento che il cucciolo non-volpino dal fulvo pelo ispido, per suggellare il patto e semplificarmi il compito, pisciò per terra e sui piedi di mio padre.

Stava cominciando un periodo interessante. Decisamente.

* * *

Il cucciolo prese il nome di Randy e con il suo arrivo cambiarono molte cose nella mia vita. Innanzitutto cominciai a trascorrere ore e ore per strada perché dovevo insegnargli a fare pipì e cacca in posti diversi dal pavimento di casa. Per molti mesi lui interpretò la faccenda come un simpatico gioco di società del tipo: quanto a lungo riesco a trattenere la pipì e soprattutto la cacca mentre siamo in strada, per potermi finalmente liberare quando torniamo a casa?

Quando riuscivo a resistere abbastanza a lungo da costringerlo a fare la cacca per strada seguivano scene e, come dire, conversazioni.

Il cane assumeva la caratteristica posizione rannicchiata e io, seguendo le istruzioni del manuale *Il cane al gabinetto, un approccio rivoluzionario*, cominciavo a lodarlo con entusiasmo.

"Bravo Randy, davvero bravissimo. Guarda che bella cacca puzzolente! Davvero complimenti a questo bravo cane."

Naturalmente, una frazione di secondo dopo aver manifestato il mio apprezzamento per le qualità estetiche e olfattive del reperto appena depositato sulla pubblica via, mi accorgevo che avevo qualcuno alle spalle, abbastanza vicino da sentire le mie parole.

Tutto ciò – va detto – non migliorò la mia reputazione nel quartiere.

In ogni caso, per via delle passeggiate igieniche del cane cominciai a conoscere il territorio in cui vivevo, attraverso i suoi abitanti. O almeno quelli che incrociavo nelle mie uscite e che, in un modo o nell'altro, avevano a che fare con i cani.

C'erano i (pochi) commercianti amici degli animali, che mi trattavano con simpatia e, se erano salumai o macellai, regalavano sempre qualcosa da mangiare a Randy. Poi c'erano i proprietari degli altri cani, e qui il campionario umano si faceva interessante.

C'era un vecchio di circa centoquarantacinque anni che aveva un cane piccolo e veramente brutto. Quando ci incrociavamo mi diceva *ciao Pasquale* – io non mi chiamo Pasquale – e mi dava criptici consigli igienici. Diceva infatti, con aria ispirata, cose del tipo: "bisogna spazzolare bene il culo, con una bella spazzola grossa", e poi andava via senza aggiungere altro. Non ho mai capito se il consiglio fosse per il cane oppure per me.

Un altro era un tipo di una trentina d'anni, piccolo, magro e con lo sguardo di uno che ha preso una dose eccessiva di ansiolitico. Aveva un dobermann gigantesco e da loro due io giravo sempre alla larga. Ero certo che in caso di necessità il piccoletto non sarebbe stato in grado di controllare la belva.

Poi c'era Mimma Russo Frattasi, che mi era simpatica e sembrava apprezzare molto il fatto che io mi fossi preso in carico un cane dalla genealogia così incerta. Aveva all'epoca un bracco tedesco e un bellissimo laboratorio da ceramista in via Putignani, fra via Sagarriga Visconti e via Quintino Sella. Il bracco tedesco non c'è più, Mimma fortunatamente invece sì. E c'è ancora il laboratorio, che, come si dice, merita una deviazione. Le opere di Mimma – bassorilievi, vasi, piatti, statue – sono splendide, con un tocco misterioso, a volte commovente, e vale la pena andare a vederle nel posto in cui vengono fatte.

In realtà la zona in cui abitavo era popolata di artigiani e artisti dei quali l'unica superstite è Mimma Russo Frattasi. Ma quando ero bambino ce n'erano altri: fra questi un vecchio maestro cartapestaio che faceva le statue dei santi, per le chiese. Anche lui aveva la bottega in via Putignani, proprio sull'isolato di casa mia. Mi ricordo quei fogli di giornale e gli stracci ammucchiati, che sarebbero diventati materia da plasmare; l'odore – a volte il fumo – denso e composto del forno, della creta usata per i calchi, della colla; le statue di cartapesta quasi pronte, a grandezza naturale, messe sul marciapiede ad asciugare.

Il vecchio maestro, ma soprattutto il suo assistente, avevano simpatia per Randy, ma lui non amava l'odore che veniva dal laboratorio: lasciava che lo accarezzassero per qualche secondo e subito voleva andare via.

Poi c'erano gli artigiani e i commercianti che odiavano i cani. Quando mi vedevano arrivare con Randy, uscivano sulla strada per sorvegliare le nostre mosse e per cercare di sorprenderci in una pipì o addirittura una cacca abusiva. Non è che odiassero solo i cani. Odiavano allo stesso modo i proprietari dei cani, e me più degli altri.

Ce n'era uno che ricordo in modo particolare. Era affabile e simpatico come Pol Pot. Aveva un negozio di scarpe in via Manzoni, nelle vicinanze di Piazza Garibaldi, un'espressione iraconda su una faccia piena di capillari rotti (il che, a pensarci retrospettivamente, mi lascia supporre che non disprezzasse le bevande alcoliche), ed era una carogna. Più volte mi aveva detto – mostrando di non essere un amante della perifrasi e dell'eufemismo – che io e il mio cane eravamo "pieni di merda" e che dalle parti del suo negozio nemmeno ci dovevamo passare.

A quel punto ne feci una questione di principio e cominciai a passare lì davanti, tutti i giorni. Siamo in un paese libero e io faccio quello che mi pare. E inevitabilmente, una mattina, Randy si fece scappare una pipì sul muro del negozio.

Quello uscì come una furia e disse che mi stava dando l'ultimo avvertimento e che la prossima volta avrebbe preso una bella mazza che teneva nel retro e mi avrebbe insegnato lui a far pisciare e cacare il cane nei paraggi del suo negozio.

Io stavo per dire che in quella specialità (far pisciare e cacare il cane nei paraggi del suo negozio) me la cavavo già abbastanza bene e non pensavo ci fosse nulla che lui potesse insegnarmi.

Per fortuna mi trattenni e in seguito portai il cane a fare i suoi bisogni davanti al negozio di Pol Pot solo in orario di chiusura notturna.

* * *

Fu insieme a Randy che, a poco a poco, cominciai a esplorare la città.

Uscivo il pomeriggio, subito dopo pranzo. Andavo ai giardini – di Piazza Garibaldi, o di Piazza Umberto, o di Piazza Isabella d'Aragona – e lasciavo che il cane, ormai diventato adulto e piuttosto grosso, tentasse di uccidere altri cani più piccoli di lui o, in alternativa, tentasse di farsi uccidere da altri cani più grossi di lui. Poi, siccome non avevo voglia di tornare a casa a studiare, rimettevo Randy al guinzaglio e me ne andavo in giro.

A volte, quando l'aria era bella e fresca, e la voglia di studiare ai minimi storici, facevo delle passeggiate lunghe, che duravano ore. Arrivavo fino alla Fiera del Levante o addirittura fino alla pineta di San Francesco, o, se mi andava una direzione diversa, fino ai giardini della Chiesa Russa di rito ortodosso, che si trova nel rione Carrassi, non lontano dal carcere, ed è un edificio bello e interessante. È una delle chiese russe più grandi del mondo al di fuori della Russia e, calata com'è nel pieno di un quartiere molto popolare e popolato (in qualche zona anche piuttosto pericoloso) come Carrassi, produce nel visitatore un effetto di straniamento. Come un enorme meteorite che, precipitato nel mezzo della città, abbia creato una dimensione spazio-temporale del tutto autonoma rispetto a quello che c'è attorno.

La chiesa russa fu costruita all'inizio del secolo scorso, in onore di san Nicola. Nella città vecchia c'è l'antica, magnifica basilica medievale: uno degli esempi di romanico più belli d'Europa (e quindi del mondo) che, come dicono le guide, vale da sola il viaggio. Ma san Nicola è molto popolare soprattutto fra gli ortodossi. Paolo Rumiz ha scritto che tutti, in Russia, sanno riconoscere perfettamente su una carta geografica dov'è Bari, appunto per via di san Nicola.

La storia è singolare. Le ossa del santo furono rubate a Mira (oggi Demre) in Turchia nel 1087 da un equipaggio di marinai baresi che le portarono nella loro città, fino ad allora sprovvista di un santo patrono. Fu così che Nicola diventò coattivamente il protettore di Bari. Ogni richiesta di restituzione incontrò un cortese ma fermo diniego. L'argomento, non privo di originalità, era che san Nicola aveva scelto Bari come sua città. Se fosse stato contrario all'idea, avrebbe impedito il furto delle sue ossa o scatenato una tempesta per impedire la fuga dei marinai baresi. Non essendosi verificato nessuno di questi eventi, l'unica interpretazione possibile era che san Nicola volesse rimanere a Bari. E se questo discorso non vi convince, peggio per voi.

San Nicola è rimasto a Bari e Bari è diventata meta di pellegrinaggi da tutto l'Est e in particolare da ogni zona, anche le più remote, della grande Russia. In certe luminose giornate di primavera lo spettacolo delle comitive di preti ortodossi nei loro abiti neri tradizionali, come giganteschi formiche sullo sfondo bianco delle pietre romaniche, è indimenticabile.

Nei secoli successivi alla traslazione (adoro questo eufemismo) delle ossa da Mira a Bari, il culto di Nicola, che secondo la leggenda e la devozione era un santo dispensatore di doni, si diffuse in tutta Europa e fu poi esportato dagli olandesi a Nuova Amsterdam (detta poi New York) dove l'ex vescovo di Mira, che da quelle parti chiamano Santa Klaus, diventò addirittura Babbo Natale.

* * *

Randy fu il mio compagno nella scoperta della città e soprattutto nell'esplorazione del mondo, ambiguo e pieno di meraviglie, dei miei sogni di ragazzo.

Ancora adesso, quando càpito in qualche posto remoto della città in cui sono stato per la prima volta girovagando con il cane, quei sogni mi ritornano in mente, con la stessa forza ingenua e violenta di allora.

Ancora adesso, quando rievoco qualcuno di quei sogni, compare, trotterellando, la sagoma fulva e plebea di Randy, con la stessa espressione strafottente e irresistibile di quando mi scelse, leccandomi le mani, in quella scatola di cartone.

* * *

"Aveva sedici anni quando morì. Era il 1990, qualche giorno prima di Natale, e io non ero a Bari quando successe" dissi guardando avanti, in qualche punto del vuoto in cui erano custoditi quei ricordi.

"È vissuto a lungo, per un cane" disse Giampiero.

"È vero, è vissuto a lungo. Ed è stato un cane felice. A volte lo guardavo stravaccato al sole, con gli occhi socchiusi e quell'espressione di completa beatitudine, e pensavo alla poesia di Walt Whitman."

"Da *Foglie d'erba*" disse Paolo.

"Sì. Mi piaceva moltissimo, la so a memoria."

"Come faceva, esattamente? Aspetta... *Credo che potrei andare a vivere con gli animali... e poi?*"

"*Sono così placidi e dignitosi. Sto a guardarli a lungo. Non si lamentano della loro condizione e non giacciono svegli nell'ombra a piangere i loro peccati. Non mi fanno venire la nausea discutendo dei loro doveri verso Dio. Nessuno di loro è insoddisfatto e nessuno di loro impazzisce per la mania di possedere cose.* Poi ci deve essere una strofa che non mi ricordo, ma quella che mi piace più di tutte fa così: *Nessuno di essi è rispettabile o infelice, su tutta la terra.*"

"*Nessuno di essi è rispettabile o infelice*" ripeté Paolo assorto, scandendo le parole, lasciandole sospese nell'aria attorno a noi. Passò qualche minuto prima che si dissolvessero, e allora finii di raccontare la storia di Randy.

"La sera della vigilia di Natale, per quindici anni avevo portato il cane a fare la sua passeggiata, prima di raggiungere la famiglia a casa di mia zia per il cenone. Quella sera del '90 mi ritrovai da solo e pensai che era il momento dell'addio. Presi il guinzaglio, che portavo sempre anche se il cane, soprattutto la sera, lo lasciavo libero, uscii e vagai per le strade attorno a casa. Sapete, Randy aveva sempre le unghie un po' troppo lunghe e quando camminava faceva un ticchettio inconfondibile sulla strada. Quella notte, mentre camminavo da solo per le strade deserte, cercando di non mettermi a piangere, io sentii – giuro che lo *sentii* – quel ticchettio alle mie spalle. Non mi voltai nemmeno una volta, perché non volevo che lui sparisse e che la nostra ultima passeggiata finisse in quel modo. Non mi voltai nemmeno quando arrivai al portone di casa e lo aprii, e lo tenni aperto per qualche istante, come facevo sempre, per lasciare che Randy entrasse."

Non l'avevo mai raccontata a nessuno, questa storia. Sentivo il mio respiro, guardavo diritto avanti e sentii una lacrima grossa che si staccava dall'occhio destro e scendeva sulla mia faccia. Me la tolsi con l'indice e mi stropicciai gli occhi.

"E mentre tenevo il portone, senza che ci pensassi, mi vennero le parole."

"Che parole?" disse Giampiero a voce bassissima.

"Il Signore è il mio pastore, e mi guida."

Settimo

Restammo fermi e senza dire niente per un bel po'.

L'immobilità della scena fu interrotta da Paolo che tirò fuori la grappa e ne prese un lungo sorso. Prima che la rimettesse in tasca feci in tempo a notare che la bottiglia era quasi a metà.

Giampiero fece un sospiro, come se fosse stato finalmente autorizzato a muoversi dopo un minuto di raccoglimento in uno stadio.

"Che storia, ragazzi. Secondo me le superstizioni sui fantasmi vengono proprio da esperienze di questo genere. Sei così abituato alla presenza di qualcuno che quando questo qualcuno se ne va ti capita di continuare a sentire il suo passo, il suo modo di bussare, qualsiasi cosa. Come quelli cui amputano una gamba e continuano a sentire il dolore, anche se la gamba non c'è più. È così che se hai voglia, o bisogno, di credere, ti convinci che esistono i fantasmi."

Era una considerazione intelligente, pensai con una punta di stupore, e subito dopo mi vergognai del mio stupore. Mi detestai per la mia patetica, segreta supponenza, e stavo per dire qualcosa. Che era una riflessione intelligente, appunto, che non ci avevo mai pensato, e che ero d'accordo. Paolo parlò prima di me, alzandosi dal muretto.

"Va bene. Credo che dovremmo avviarci alla conclusione. Fatemi fare un ultimo giro e un ripasso di vecchi posti. Domani sparisco definitivamente dall'altra parte dell'oceano, e probabilmente qui non ci capiterò mai più."

C'era una nota aggressiva nel modo in cui Paolo disse quella frase. Per un istante mi parve di intuire qualcosa di pulsante e minaccioso, sotto la superficie delle sue parole. Ma, appunto, dopo un istante quel guizzo svanì, o tornò invisibile.

"Dove vuoi andare?" chiese Giampiero mentre risalivamo in macchina.

"Voglio rivedere la zona dall'Orazio Flacco, fino allo stadio, la fiera, la pineta e le spiagge. E poi, tornando, voglio passare davanti al Jolly, perché è un posto che – non so perché – mi capita spesso di sognare. A volte è lì, al suo posto in fondo a via Sagarriga Visconti, altre volte è da qualche parte a Chicago o a Evanston, e le facce di allora e di adesso si confondono. L'ho sognato così tante volte che ormai non riesco più a capire quanto l'immagine che ho in mente corrisponda alla realtà. Allora voglio fare questa verifica, bermi qualche altro sorso di questa" si toccò la tasca del giaccone dove aveva messo la bottiglia di grappa, e io pensai che voleva semplicemente scolarsela fino all'ultimo "e a quel punto potete anche portarmi a dormire."

"Il Jolly non esiste più da un sacco di tempo" disse Giampiero.

Non esiste più da un sacco di tempo.

Mica è solo il Jolly che non esiste più da un sacco di tempo, mi dissi. E poi proseguii, in una sequenza sconnessa, chiedendomi quando era stata l'ultima volta che avevo fatto una cosa per la *prima* volta. Non trovai una risposta e persi l'equilibrio fra i pensieri. Mi sarebbe accaduto altre volte, quella notte.

"Non fa niente, voglio passarci davanti lo stesso. Devo fare una messa a punto dei miei sogni. E anche di qualche incubo. Prima però andiamo verso nord."

Dai Giardini Isabella d'Aragona sbucammo su Corso Vittorio Veneto e cominciammo a percorrerlo con il porto alla nostra destra.

Il porto è un universo a parte. Se ti capita di girarci di notte, non riesci a capire come possa essere così sterminato, come sia possibile che un posto così grande sia contenuto nella città, quando – ti sembra – potrebbe essere il contrario. Che la città sia contenuta, tutta, in quel vasto territorio sconosciuto, con squarci che assomigliano al palcoscenico di un sogno inquietante, dove sembra che valgano regole diverse da quelle del mondo esterno.

Fu in quel territorio sconosciuto che, nell'estate del 1991, ci fu il più colossale sbarco di clandestini della storia contemporanea. Perlomeno della storia del mondo occidentale. La motonave *Vlora* – un indescrivibile rottame che si muoveva sull'acqua in spregio a ogni regola della meccanica dei fluidi – caricò a Durazzo, trasportò attraverso l'Adriatico assolato, e scaricò nel porto di Bari un mare umano di quindicimila albanesi (avete letto bene:

quindicimila, tutti su una sola nave) in fuga dal regime che si stava sbriciolando.

Rivedere oggi quelle immagini, che fecero il giro del mondo rimbalzando sui satelliti della CNN e delle altre televisioni, pensare che quelle scene di migrazioni bibliche si siano verificate a qualche centinaio di metri dalle nostre case, mentre noi eravamo intenti alle nostre occupazioni (e continuammo a esserlo), genera un senso totale di spaesamento. Mentre passava la Storia non eravamo davvero qui. Né altrove.

Qualche mese dopo, perché il 1991 rimanesse per sempre un anno tristemente indimenticabile, qualcuno – forse mandato da qualcun altro, ma sul punto l'esito dei processi non è stato di grande aiuto – diede fuoco alla platea del Petruzzelli, riuscendo a ridurre in poche ore uno dei teatri più belli del mondo in un cumulo di macerie bruciate.

Passammo davanti all'Orazio Flacco, il nostro liceo, che fu costruito nel 1933 e che sembra la scuola di Hogwarts. Proseguimmo, con il porto che scorreva alla nostra destra e le caserme alla nostra sinistra, fino ad arrivare al viale di Maratona, che porta al vecchio stadio, l'Arena della Vittoria, dove non si gioca più a calcio. Dal 1990 ce n'è un altro che sembra un gigantesco disco volante atterrato nel mezzo della campagna a sud della città e fu progettato da Renzo Piano per i mondiali di calcio.

Tutta la zona attorno all'Arena della Vittoria, di notte, ha una sua spettrale bellezza. Ci sono aree industriali abbandonate, capannoni in rovina abitati dai fantasmi, strade deserte, ciminiere che svettano improvvise nell'oscurità. Camminando per quelle strade uno s'immagina che potrebbe imbattersi in un personaggio di Philip Dick, o, in alternativa, venire risucchiato da qualche gorgo spazio-temporale.

Un bel contrasto è dato dal fatto che nei locali del vecchio stadio (destinati agli usi più eterogenei), proprio in quella zona e fra i suoi squarci inquietanti, ci sono un teatro di burattini – *La Casa di Pulcinella*, si chiama – con annessa una delle ormai rarissime scuole per giovani burattinai, e un museo del giocattolo.

Proseguimmo per la penisola di San Cataldo, al largo della quale si facevano vedere i pirati per chiedere il riscatto delle navi e dei viaggiatori sequestrati. Su questa penisola si trova il faro omonimo, che tanti anni fa lanciava un fascio di luce visibile da tutta la città. Mi piaceva tantissimo, in certe sere di primavera, andare in terrazza e lasciarmi catturare da quel fascio di luce e dalla sua sequenza ritmica e ipnotica.

Anni fa qualcuno ha deciso che questo – il fatto che io e molti altri potessimo goderci quelle sciabolate di luce sulla città – non andava bene, il fascio luminoso è stato ridotto ("per evitare luci secondarie verso terra"), e da allora si vede solo da qualche punto della tangenziale o dal mare.

Arrivammo all'ingresso monumentale della Fiera del Levante e Giampiero parcheggiò nella grande rotonda dove c'erano solo un paio di macchine e un furgone per *gourmet* con vendita di hamburger, hot dog e altri alimenti dietetici. Non c'era nessun cliente – in realtà non c'era anima viva – e l'immagine di quel furgone nel mezzo del buio, con i due inservienti muniti di grembiuli e cappellini e sconsolatamente appoggiati al bancone senza far niente, sarebbe piaciuta a Hopper.

L'ingresso monumentale della Fiera e le sue mura massicce color ocra pallido, ritmate da una teoria di finestre cieche, offrono uno spettacolo inusuale in un contesto urbano al di fuori dell'area sahariana. Danno l'idea di una fortezza libica rimossa dal deserto e misteriosamente catapultata dalle nostre parti, di fronte al mite Adriatico; oppure sembrano il set di un kolossal hollywoodiano, abbandonato da decenni, in attesa di un film che non verrà girato.

Paolo rimase a guardarle a lungo, quelle mura, come se le avesse dimenticate e volesse imprimersele bene di nuovo nella memoria, in previsione di un futuro in cui non le avrebbe riviste.

"Avrei voluto rivedere questi posti anche di giorno, col sole. Mi piaceva moltissimo il contrasto fra il giallo delle mura e l'azzurro strabiliante che a volte c'è nel cielo."

"Ti manca il colore del cielo, eh?" disse Giampiero con un tono pieno di orgoglio, come se l'avesse dipinto lui, quell'azzurro.

"Mi manca? Non me lo sono mai chiesto."

Sembrava che la domanda lo avesse colpito e fece una lunga pausa.

"Però se devo rispondere, se mi ci fai pensare, sì, mi manca. Mi manca la luce di certe giornate spazzate dal maestrale. E mi manca quell'azzurro."

Fece un'altra pausa, breve, come per elaborare un'intuizione inattesa.

"Magari adesso sto per dire una stronzata pazzesca –

una cosa da emigrato –, ma mi sembra di non aver mai visto da nessuna parte del mondo un azzurro perfetto come quello. Mi viene da dire che è l'idea platonica dell'azzurro."

In quel momento, nell'oscurità, mi sembrava di rivedere quel cielo – e quell'azzurro dilagante – con gli occhi pieni di meraviglia di chi ritorna da un lungo viaggio in un paese lontano. Lo rivedevo con gli occhi di Paolo, attraverso i suoi ricordi.

"E cos'altro ti manca?" chiesi allora.

"Cos'è, una seduta di autocoscienza?" Ma si vedeva che si era messo in moto qualcosa, nella sua testa, e che aveva voglia di rispondere. Non a me, probabilmente, ma a se stesso. Ci pensò per un poco.

"Lo dico come mi viene. Mi manca anche il colore del mare, in quei giorni di maestrale. Quando ci sono le onde ma l'acqua è lo stesso trasparente come un cristallo, ed è contemporaneamente blu, e verde, e del colore della sabbia che c'è sotto. Mi manca l'odore di quel mare."

Socchiuse gli occhi e fece una breve pausa.

"E sapete cosa mi manca più di tutto, a pensarci? Mi manca il profumo della focaccia. Se dovessi dire una cosa sola, direi: l'odore della focaccia. Davvero l'olfatto è il senso della memoria. Io ho l'impressione che, se sentissi di nuovo quell'odore – dubito che capiterà –, potrei ricordarmi cose che sono seppellite nella memoria e che probabilmente sono perdute per sempre."

Poi, senza dire altro, come fosse stato preso da un turbamento che non prevedeva e che non voleva mostrarci, si mise a camminare, e noi lo seguimmo, fino all'angolo da cui si vede la spiaggia di San Francesco.

* * *

San Francesco e il Trampolino sono gli stabilimenti balneari storici di Bari città. Dal centro ci si arriva in un quarto d'ora, se non c'è traffico, e poche cose, da adulto, mi hanno dato l'idea di aver avuto un'infanzia privilegiata quanto l'opportunità di andare al mare e fare il bagno senza dover uscire dalla città.

Sin da piccolo io andavo perlopiù al Trampolino, che, fra le varie maggiori attrattive rispetto alla concorrenza, aveva fantastici arancini di riso e una piscina bellissima, dal cui trampolino deriva il nome dello stabilimento.

Era su un piano rialzato, quella piscina, era profonda più di tre metri e su una delle pareti aveva un oblò dal quale si poteva assistere alle evoluzioni subacquee dei bagnanti. Ignoro per quale motivo fossi così irresistibilmente attratto da quell'oblò: ma certo è che passavo ore a guardarci dentro, affascinato dall'opportunità di guardare, da vicino ma in sicurezza (all'epoca non sapevo nuotare ed ero terrorizzato all'idea di potermi trovare nell'acqua "dove non si appiedava"), l'acqua profonda, i corpi silenziosi in movimento avvolti da nuvole di bollicine, tutte le sfumature di celeste che facevano da sfondo e da cornice allo spettacolo.

Quello dell'oblò della piscina del Trampolino è uno dei ricordi più intensi della mia infanzia.

Ci rimasi male quando, tanti anni dopo, la piscina fu ristrutturata, ne fu ridotta di molto la profondità per ovvie ragioni di economia idrica, e l'oblò, scomparsa la sua ragione di esistere, fu tristemente murato.

A fianco del Trampolino c'era – e c'è ancora – la spiaggia libera chiamata Il Canalone. Il nome deriva dal fatto che l'accesso al mare è collocato alla fine di uno dei canaloni di scolo delle acque piovane – larghi come fiumi – che circondano la città e che furono costruiti per scongiurare i danni catastrofici delle alluvioni. Il confine fra il Trampolino e il Canalone era attentamente sorvegliato dai bagnini più nerboruti e cattivi della spiaggia privata, per evitare sconfinamenti da parte dei proletari frequentatori della spiaggia pubblica.

Osservando da bambino quel servizio di sorveglianza in azione, ho fatto le prime riflessioni politiche della mia vita, anche se allora non lo sapevo. I bagnini erano chiaramente della stessa provenienza sociale di coloro le cui eventuali intrusioni dovevano respingere. E dunque lavoravano per i ricchi, contro i loro fratelli di classe (preciso che a otto anni non adoperavo l'espressione *fratelli di classe*). Era una cosa che non riuscivo a capire e nell'insieme la situazione mi creava una sorta di disagio intellettuale.

Non mi piaceva l'idea che la mia bella spiaggia pulita e ordinata fosse invasa da quella moltitudine chiassosa e piuttosto aggressiva che m'incuteva timore; e però non mi piaceva nemmeno quello che vedevo quando i ragazzini che frequentavano il Canalone cercavano di sconfinare. I bagnini li intercettavano, li cacciavano bruscamente e, per quelli che cercavano di ribellarsi o anche solo di protestare, a volte c'era anche qualche schiaffo. Mi accorgevo che questi due sentimenti – il bisogno di protezione e l'imbarazzo, come dire, per l'ingiustizia sociale e per la connessa tutela dei privilegi – erano contraddittori e cercavo di renderli compatibili, ma non ci riuscivo.

Allora me ne andavo a guardare nell'oblò della piscina. Era un'attività meno esposta alla disturbante percezione del conflitto di classe e delle sue metafore.

* * *

Avevamo guardato da lontano la spiaggia di San Francesco, eravamo passati dalla Pineta (luogo per me carico del ricordo di frustrazioni infantili, come l'osservazione piena d'invidia dei bambini che sfrecciavano sulla pista di pattinaggio mentre io, l'unica volta che ci avevo provato, ero rovinosamente caduto fra le risate) e ci eravamo fermati all'inizio del ponte che, per portare al quartiere San Girolamo, attraversa il canalone attaccato alla spiaggia del Trampolino. Eravamo dunque proprio in corrispondenza di quel confine – uno dei tanti, palesi e occulti, di cui è disseminata la città – fra il territorio dei ricchi e quello dei poveri.

Non eravamo scesi dall'auto, la strada era deserta, avevamo aperto i finestrini e dalla radio a basso volume, in una specie di ossimoro musicale, venivano le note di *Born to run*.

"Vi ricordate quelli che facevano il bagno qua davanti con i salvagente neri, fatti con le camere d'aria dei camion?" chiese Paolo.

Ottavo

Certo che me li ricordavo.

Me li ricordo bene perché sono cresciuto sull'ultimo isolato di via Putignani, a cinquanta metri da via Manzoni. Cioè praticamente su una linea di frontiera.

Via Putignani è una delle vie simbolo della città moderna, ricca e commerciale. Parte da Corso Cavour con il Teatro Petruzzelli, passa davanti al Palazzo Mincuzzi che assomiglia alle Galeries Lafayette, e arriva, dopo un chilometro esatto di oleandri, su Piazza Risorgimento con l'Edificio Scolastico Garibaldi, fabbricato dall'aria vagamente coloniale dove Zeffirelli girò il film sul giovane Toscanini.

Prima che attorno alla città fossero realizzati i grandi canaloni di deflusso delle acque piovane, quando si scatenavano le grandi piogge, era lungo la direttrice di via Manzoni che si materializzava il torrente Picone, alluvionando a ripetizione le case dei poveracci. Via Manzoni segna il confine fra il quartiere Libertà e il quartiere Murat.

Il nome viene da Gioacchino Murat, seminarista fallito, locandiere, soldato semplice, ufficiale rivoluzionario, generale napoleonico, maresciallo di Francia, re di Napoli per grazia di Napoleone Bonaparte. Fra le cose che fece nei suoi pochi anni di regno, prima di venire fucilato alla fine dell'avventura napoleonica, ci fu la promulgazione del decreto di costruzione del "borgo nuovo" di Bari in una zona pianeggiante a sud del vecchio centro storico. Il "borgo nuovo" a maglia ortogonale fu in realtà edificato solo qualche anno dopo la morte di Murat, contemporaneamente allo smantellamento di parte delle mura che proteggevano a sud (dove adesso c'è Corso Vittorio Emanuele) la città medievale, la cui struttura urbanistica invece è araba. Il groviglio dei vicoli era una trappola per i nemici e per gli aggressori che vi si fossero addentrati: e nella contrapposizione fra i due modelli urbanistici taluni colgono una metafora delle diverse anime della città.

Il quartiere Libertà fu realizzato nella prima metà del ventesimo secolo a partire dal margine occidentale della città, e si sviluppò come quartiere proletario. Oggi ci abitano 60.000 persone, se includiamo gli immigrati più o meno regolari, ed è diventato un territorio piuttosto interessante, ma in certe zone rimane un posto non del tutto sicuro, se non decisamente pericoloso.

Quando eravamo ragazzini noi, era quasi tutto decisamente pericoloso. O almeno così ci sembrava, il che per molti aspetti è la stessa cosa.

Noi stavamo dal lato delle famiglie borghesi, delle case confortevoli, dei teatri, delle librerie, dei negozi eleganti. Dall'altra parte del confine c'era una moltitudine popolare chiassosa, aggressiva e minacciosa. C'erano case dagli androni bui e maleodoranti, spacci in cui uomini come orchi giocavano alla birra, bassi dai quali veniva odore di cibo cucinato un po' rancido e varechina, contrabbandieri, circoli ricreativi con biliardi, flipper, calciobalilla, e stanze segrete, nel retro, dove si giocava d'azzardo. C'erano negozi che venivano dal passato remoto; fra questi, alcune drogherie che vendevano ogni sorta di merci strane e negozi di giocattoli e dolciumi affogati nell'odore di plastica, liquirizia, zucchero e caramelle. Dalle case si sentivano, ad alto volume, le canzoni napoletane o, in alternativa, l'inconfondibile sound melodico degli anni '70, prodotto da complessi con nomi come *Bottega dell'arte*, *Collage*, *Alunni del sole*, *Teppisti dei sogni* e, naturalmente, *Cugini di campagna*.

Era dall'altra parte che abitavano quelli dei salvagente fatti con le camere d'aria dei camion. Erano i ragazzini che vivevano per strada in un mondo diverso dal nostro, fatto di oggetti concreti, di odori intensi, di voci forti e gutturali. Parlavano una lingua straniera e minacciosa che noi, ragazzini per bene del quartiere Murat – figli di mammina, ci chiamavano con tono pieno di disprezzo –, capivamo poco e non parlavamo affatto. I nostri genitori stavano molto attenti, a casa, a proibire il dialetto barese e a sanzionarne l'uso anche solo dilettantesco e occasionale.

Non è che noi stessimo chiusi in casa. Si giocava per strada il pomeriggio o all'uscita da scuola. I nostri giochi appartenevano, più che a un'altra epoca, a un'altra dimensione, e avevano nomi dall'etimo ignoto o incerto. A pronunciarli adesso, ti sembra di sentire in bocca il sapore dei rotoli di liquirizia che compravamo – tre per dieci lire – al chioschetto di Piazza Risorgimento, nelle drogherie antiche o in certi scantinati poco raccomandabili. Quei giochi si chiamavano virruzzo, ramette, staccio, sguincio, campana, scartucce, pioggia delle figurine, salatino. Erano giochi rigorosamente per maschi e si facevano con trottole di legno, biglie, tappi delle bottiglie di birra, figurine, cerbottane e frecce di carta – le cosiddette scartucce. Avevano a che fare con l'inseguirsi, con il saltarsi addosso in modo doloroso, con il togliere i pantaloni al nuovo arrivato nel gruppo, costringendolo a farsi un pezzo di strada in mutande per andarli a recuperare, là dove erano stati buttati. Una specie di rito di iniziazione.

E poi c'erano le bombette e le fiale puzzolenti che compravamo negli stessi scantinati delle liquirizie e scagliavamo nei negozi lussuosi del centro, scommettendo sul fatto che all'interno non ci fosse nessuno abbastanza veloce da raggiungerci mentre scappavamo via come forsennati.

A volte perdevamo la scommessa e quello che ne seguiva non era divertente.

E poi ovviamente giocavamo a calcio. Per quelle partite c'erano tre tipi di pallone, in ordine crescente di qualità: il leggerissimo Super Tele, cioè il peggior pallone in commercio, il Super Santos, arancione, con il migliore rapporto qualità-prezzo, e il San Siro, che era di plastica ma aveva il peso e la consistenza di un pallone di cuoio ed era quello più ambìto e più rubato.

Insomma, stavamo per strada e giocavamo per strada. E però i nostri erano normali, a volte appena un po' violenti giochi da ragazzini.

Anche quelli che stavano dall'altra parte del confine, oltre via Manzoni, nei territori pericolosi del quartiere Libertà, facevano più o meno gli stessi giochi, per strada. Ma nel loro modo di vivere, e quindi anche nei loro giochi, c'erano una serietà e una verità che rendevano tutto diverso.

Quegli altri vivevano completamente liberi e, senza che nessuno provasse nemmeno a controllarli, facevano tutte le cose che a noi erano tassativamente vietate. Giocavano a pallone nei posti proibiti; andavano sui motorini anche se non avevano quattordici anni; sfottevano le ragazze; si aggrappavano ai tram in movimento e circolavano pericolosamente per la città, a tutte le ore, tarda sera inclusa. Bevevano birra, fumavano sigarette e facevano il bagno nelle acque velenose del porto, fra topi, macchie di petrolio e grassi cefali un po' osceni.

Le nostre mamme ci dicevano che se solo avessimo messo piede in quelle acque avremmo preso l'epatite virale o, dopo l'epidemia di colera del 1973, appunto il colera.

Quegli altri se ne fottevano dell'epatite virale, del colera, delle macchie di petrolio e dei grossi topi nuotatori. Quegli altri se ne fottevano di tutto. Si tuffavano sguaiatamente e giocavano con le grandi, nere camere d'aria dei camion, usandole come salvagente, materassini, canotti.

Quelle camere d'aria nere erano un simbolo inquietante della differenza fra noi e loro.

Noi, con i nostri genitori, frequentavamo spiagge recintate, pulite e sorvegliate; e facevamo il bagno con grande cautela, muniti di salvagente e canotti leziosamente colorati. Quegli altri si avventuravano da soli in acque scure e minacciose muniti di oggetti grezzi e virili, metafore della loro capacità di sbrigarsela, comunque. La capacità che noi non avevamo e che in qualche modo avremmo dovuto imparare a nostre spese.

Avevo sentimenti contraddittori rispetto a loro. Ufficialmente, e in accordo con la retorica moralistica della scuola e di certi adulti, li compativo. Appartenevano a famiglie povere e disagiate, stavano per strada perché non avevano altri posti dove andare e spesso erano costretti a lavorare come garzoni nei panifici, nelle salumerie, nelle drogherie. Se andavano a scuola venivano ripetutamente bocciati e, insomma, erano destinati a diventare dei poco di buono.

Segretamente, li invidiavo per la loro vitalità, il disprezzo del pericolo, la capacità di collegare immediatamente l'impulso all'azione. E per le stesse ragioni mi facevano paura. Ci facevano paura. Eravamo ossessionati da quei ragazzi e questa ossessione nasceva da tanti episodi in cui qualcuno di noi aveva subìto un sopruso, un'aggressione o anche una piccola rapina.

Un pomeriggio io e un mio amico, che chiameremo Danilo per tacerne la vera identità e tutelarne la reputazione, eravamo andati, come capitava spesso, a passare una mezz'ora al negozio dei fumetti usati di via Bovio, alle spalle di Piazza Risorgimento. Negozio che esiste ancora, uguale, così come, a trentacinque anni di distanza, è uguale il proprietario. Commerciare in giornalini usati non è un mestiere usurante.

Andavamo in quel negozio perché ci piacevano i fumetti, perché lì potevamo comprarne di rari o vendere quelli che non ci piacevano più, quando avevamo bisogno di soldi. E poi, diciamocelo, lì dentro potevamo guardare i fumetti porno in santa pace, senza che nessuno ci disturbasse e senza genitori che apparivano all'improvviso.

Non ho mai comprato in vita mia uno di quei giornalini. Non perché non ne avessi voglia, ma semplicemente perché ero un vigliaccone. La sola idea che i miei genitori potessero scoprirmi con quella roba mi generava un senso di panico del tutto insopportabile. Allora sbirciavo e basta. E fu in quel negozio di fumetti usati che diventai bravo a leggere abusivamente. Qualità che poi misi a frutto per leggere senza comprare nelle varie librerie cittadine, prima fra tutte Laterza.

Tutto era affascinante in quegli albi, dai disegni ai dialoghi, alla sofisticata psicologia dei personaggi. Quello che però era leggendario erano i titoli. C'erano quelli di impostazione sociologica, con narrazione della vita del proletariato urbano, come *Lando, detto lo sciupafemmine*, e il mitico *Montatore*. Questo secondo titolo tutto garbatamente imperniato sull'ambiguità fra l'attività professionale del signor *Montatore*, operaio in una catena di montaggio, e il suo hobby principale nel tempo libero.

Poi c'era il genere sexy-fantahorror. Sono sicuro che qualche genio si nascondesse nelle case editrici di questi fumetti e fosse incaricato di inventare i nomi dei personaggi. Me ne ricordo alcuni. Per esempio *Walalla, l'indiana bionda*; *Tartan*; *Isabella, duchessa dei diavoli*; oppure, con meno attenzione alle sfumature, *Cosmine, l'atomica del sesso*.

Meglio di tutto era il sottogenere delle vampire. Tutte dai nomi sobri e appena allusivi come *Zora*, *Sukia* e *Jacula*. Quest'ultimo destinato ai lettori meno intuitivi, perché il sottotitolo precisava con una certa pedanteria che si trattava di una pornovampira. Così, per evitare gli equivoci e prevenire l'eventualità che qualcuno chiedesse indietro i soldi avendo acquistato l'albo nell'erronea convinzione che si trattasse di un saggio storico.

Andavamo in quel negozio con una certa frequenza, come dicevo, ma ben consapevoli dei rischi. Via Bovio, in prossimità di via Ravanas, era un posto pericoloso, per noi ragazzini dell'altra parte del confine.

Quel pomeriggio, quando uscimmo, ci trovammo circondati da una banda di giovanissime facce da galera. Il loro capo lo conoscevamo bene. Era un gigante pustoloso e grasso che andava in giro sempre – d'inverno e d'estate – con una maglia a righe orizzontali che lo faceva apparire ancora più grosso. Aveva al massimo quattordici anni ma sembrava un uomo, adulto e cattivo. Gli piaceva cantare canzoni napoletane e picchiare, a volte contemporaneamente. In particolare gli piaceva picchiare quelli come me e il mio amico.

Il suo soprannome era "Colin' u' ftinte". Fetente nel senso di uno che emanava *fieto*, cioè puzza. Insomma, in italiano: Nicolino il Puzzolente. In quella circostanza ebbi modo di verificare che non si trattava di un soprannome usurpato.

Lui e i suoi amici quel pomeriggio avevano voglia di divertirsi. Noi eravamo il divertimento. Per cominciare ci diedero qualche schiaffetto, poi il Puzzolente acchiappò per il collo il mio amico e lo inchiodò al muro.

"È ver' ca si' rcchion'?" (*Dicono che tu sia omosessuale. È una voce che risponde a verità?*)

Il mio amico si guardò attorno. Vide la faccia del pustoloso che lo teneva inchiodato al muro e, come me, ne sentì l'aroma delicato. Vide le facce degli altri che pregustavano il massacro. Pensò freneticamente e, mentre l'altro ripeteva la domanda con tono spazientito, ebbe un'intuizione geniale.

"Sì" rispose annuendo vigorosamente. Intendeva: certo che sono omosessuale, come si potrebbe dubitarne?

Il pustoloso lo guardò spalancando gli occhi, stupito, preso in contropiede. Chiaramente avrebbe voluto picchiarlo, intonando una canzone napoletana. Ma il mio amico gli aveva fatto perdere il ritmo, se capite cosa intendo, e lui se ne rese conto. Allentò la stretta sul collo, lasciò libero Danilo e gli diede un buffetto – niente più che un buffetto – sulla guancia.

"Si' rcchion', ma si' 'ntelligent'" (*Sarai pure omosessuale, ma bisogna riconoscere che sei intelligente*).

Io ero pronto – laddove avessero voluto interpellare anche me sui miei gusti sessuali – a dichiarare che anch'io ero ricchione o tutto quello che volete, basta che non mi uccidiate. Il Puzzolente, però, che non era abituato alla sconfitta, fisica o dialettica che fosse, si voltò e andò via, e i suoi con lui.

Quella volta andò bene, ma non finiva sempre in maniera così indolore.

Una sera – avevo poco più di tredici anni – stavo andando alla pizzeria vicino a casa, appunto a comprare le pizze, ed ero di buon umore, oltre che distratto, come sempre. Un ragazzo, che in zona era conosciuto come "u sghign'" per via di un incisivo mancante, mi venne addosso deliberatamente con la bicicletta mentre attraversavo la strada. Dopo averlo evitato per un pelo, dissi qualcosa per protestare. Quello si fermò, scese dalla bicicletta e, senza una parola, mi diede un pugno in un occhio. Mi parve che me l'avesse fatto schizzare dentro la testa. Cerchi concentrici si allargarono dentro la mia orbita cieca fino a colmare tutto il mondo attorno. La testa mi si riempì di un rumore muto e assordante mentre sentivo arrivare gli altri colpi. Schiaffi, pugni, calci. Sulle gambe, nella pancia, in faccia. Cercando di ripararmi dai colpi io dicevo: perché?

Perché lo fece? Ovviamente non c'era un vero motivo, nel senso di un motivo valido. Lo fece per il gusto di farlo, visto che *poteva* farlo.

Alla fine si scocciò e mi lasciò andare, non prima di avermi sputato in faccia. Nemmeno mi asciugai, fino a quando non fu risalito sulla sua bicicletta – sicuramente rubata, pensai con odio disperato – e scomparve dietro l'angolo della chiesa di San Rocco.

Fu allora che cominciai a singhiozzare, per un minuto o due. Poi mi asciugai la faccia, andai in pizzeria e ordinai le solite quattro margherite senza pepe. Il pizzaiolo, che non era né cieco né scemo, mi chiese cosa fosse successo e io dissi che ero inciampato, ero caduto e mi ero fatto male. Stava per aggiungere qualcosa ma poi pensò che non erano affari suoi. Così prese i quattro pezzi di massa e fece il suo lavoro, in silenzio come sempre.

Tornai a casa, poggiai le pizze sulla tavola riuscendo a non farmi vedere dai miei e scappai in bagno per eliminare dalla mia faccia le tracce del pestaggio. Poi andai a tavola, mangiai ingoiando a fatica ogni boccone e andai subito a letto. Nel dormiveglia agitato di quella notte, fra umiliazione e rabbia, giurai a me stesso che una cosa del genere non sarebbe mai più successa. E che un giorno avrei incontrato di nuovo quel ragazzo, e le cose sarebbero andate molto diversamente.

Qualche mese dopo iniziai a frequentare una palestra di arti marziali.

Era in fondo a via Brigata Bari quella palestra (c'è ancora, peraltro, e di lì sono usciti campioni di karate, italiani, europei e mondiali) e io ci andavo tutti i lunedì, mercoledì e venerdì pomeriggio, dalle 6 alle 9.

Uscivo di casa su via Putignani, raggiungevo via Manzoni, giravo verso sud in direzione Corso Italia e poi verso ovest – via Principe Amedeo o via Dante – in direzione di via Brigata Bari e, appunto, attraverso la giungla del quartiere Libertà. Quasi due chilometri di camminata che sembrava un'incursione dietro le linee del nemico.

Via Dante e via Principe Amedeo collegano Corso Cavour con via Brigata Bari, sono lunghe un chilometro e mezzo e raccontano, lungo il loro percorso, il passaggio da una città all'altra.

Man mano che cammini su queste strade vedi il paesaggio urbano che si modifica, impercettibilmente, di metro in metro. Si comincia dalle case eleganti e vagamente aristocratiche del segmento fra Corso Cavour e via Andrea da Bari, per passare ai palazzi medioborghesi della zona più a ovest, fino alle vie Quintino Sella, Sagarriga Visconti, Manzoni, per arrivare alle case popolari che sono all'altezza delle vie Libertà, Mayer, De Bernardis e ai territori che furono teatro, alla fine degli anni '90, di guerre di mafia a colpi di calibro 9 e kalashnikov.

Per molto tempo feci quella strada in preda se non alla paura, quantomeno a un senso di inquietudine costante. Era una terra straniera, poteva capitare di tutto.

La palestra era frequentata da un pubblico molto variegato. C'erano apprendisti muratori, apprendisti meccanici, ragazzi che lavoravano con i genitori al mercato di via Nicolai, imbianchini, elettricisti, carrozzieri, falegnami, tanti studenti degli istituti tecnici e anche alcuni liceali, provenienti dall'altra parte della città e guardati con un misto di compatimento, diffidenza, a volte ostilità. Quest'ultima categoria era quella che, di regola, durava meno, lì dentro.

Per essere accettato dovetti innanzitutto imparare il dialetto, come si impara una lingua straniera.

Per essere accettato, soprattutto, dovetti dimostrare che potevo stare lì in mezzo, alle loro regole e non alle mie. Perché eravamo nella loro parte della città, e non nella mia. Non fu una cosa facile e nemmeno breve. Ci fu un momento preciso che concluse questo percorso di iniziazione.

Frequentavo la palestra da quasi due anni, ero diventato cintura marrone, assieme ad altri partecipavo alle gare e qualche volta mi capitava anche di vincere, ma continuavo a essere percepito come un corpo parzialmente estraneo, lì dentro. Una sera mi stavo allenando al sacco e un mio coetaneo, anche lui cintura marrone, si avvicinò e mi disse di spostarmi – velocemente – perché il sacco serviva a lui. Era uno grosso, forte e cattivo, ed era venuto a dettare la sua legge al figlio di mammina che ero.

Lo guardai per qualche istante e poi, sentendo le gambe che mi tremavano, ma cercando di mantenere calmo il tono della voce, gli comunicai che avrebbe dovuto aspettare il suo turno. Se aveva fretta, poteva anche fottersi.

Dopo un attimo di pausa incredula, disse che dovevamo andare a discutere la questione in privato. Io feci semplicemente di sì con la testa e mentre andavamo verso gli spogliatoi pensai che avevo una sola possibilità: colpirlo di sorpresa e fargli molto male.

Lui entrò per primo dandomi le spalle, si girò verso di me con un movimento lento e strafottente, e prese due pugni in faccia. Li diedi più forte che potevo e gli feci male di sicuro. Non andò giù, perché aveva un collo da bufalo, ma io avevo guadagnato il vantaggio che mi serviva. Lo colpii ancora – un calcio sull'orecchio, e poi ancora altri pugni – mentre lui tentava di reagire. Era tardi però, e i suoi colpi non facevano male. Tornando a casa, quella sera, *sapevo* che nessuno mi avrebbe mai più trattato da figlio di mammina. E, come poche volte nella mia vita, fui orgoglioso di me.

Quel ragazzo lo avrei rivisto molti anni dopo. Era diventato un omaccione grasso e completamente calvo, sembrava dieci anni più vecchio della sua età e camminava per i corridoi del tribunale, con le manette ai polsi, fra due agenti di custodia. Ci incrociammo, i nostri occhi si incontrarono per qualche istante e poi, contemporaneamente, tutti e due distogliemmo lo sguardo, e ce ne andammo in direzioni opposte.

Nono

Lasciammo il mare e ci dirigemmo verso la città. Giampiero parlava molto meno. Paolo e io non parlavamo affatto. Dalla radio, Alan Sorrenti ci spiegava che eravamo figli delle stelle e che non ci saremmo fermati, mai, per niente al mondo.

Sicuro.

Io continuavo a seguire la mappa sullo schermo del navigatore: lungomare Starita, Piazzale Triggiani (e chi era?), Corso Vittorio Veneto, e poi a capofitto nel ventre del quartiere Libertà. Via Trevisani, via Napoli, via Pizzoli, Piazza Garibaldi, via Manzoni, Corso Italia e infine via Sagarriga Visconti. Destinazione: il cinema Jolly e il nostro passato che non esisteva più. Se era mai esistito.

Pensieri continuavano ad attraversarmi la testa come gli alberi che vedi passare da un treno in corsa.

Mi venne in mente una frase che avevo letto chissà dove: la mappa non è il territorio. Io però avevo sempre confuso le due cose. Le mappe delle città e quelle dei territori interiori.

Poi quel pensiero scomparve e al suo posto si materializzò, con le parole scritte nella mia testa come su un grande fumetto, la domanda che qualche tempo prima mi aveva fatto un amico tedesco.

"In che direzione guarda la gente, a Bari? Voglio dire: in che direzione fisica, verso quale punto cardinale siete orientati? Dove guardate?"

Dove guardavamo? E chi lo sa, mi dissi. Intanto già solo l'uso del plurale mi spiazzava. Non lo sapevo da che parte guardavamo. Non lo sapevo dove guardavamo, *noi*. Non lo sapevo – e non lo so – in che direzione guardano i baresi; e *se* guardano da qualche parte o sono soddisfatti di guardare solo nei paraggi del loro naso. Dove peraltro – intendo in generale, nei paraggi dei nasi – è difficilissimo vedere le cose.

E fu così che mi resi conto di aver sempre guardato verso nord e verso ovest, con l'Adriatico a destra. Non ho idea di cosa significhi, ma ho sempre avuto difficoltà a orientarmi in direzioni diverse. Tutte le volte che sono diretto a sud, per esempio, perdo la coordinazione e sono costretto a riposizionarmi quasi di forza sulla mia cartina, sul mio mappamondo mentale.

Anche quel pensiero scomparve, mentre Giampiero parcheggiava in Corso Italia, a pochi metri dall'angolo con via Sagarriga Visconti. Scendemmo per l'ennesima volta dalla macchina in quello che stava diventando un ritmo ossessivo e in pochi passi arrivammo dove un tempo c'era il cinema Jolly.

In realtà non c'era proprio niente da vedere. Davanti avevamo un cortile pieno di macchine. In fondo c'era la porta a vetri opachi e spessi attraverso la quale si entrava nel cinema, in quel leggero odore di umido, fra quei sedili di legno scomodi e familiari.

Ci appoggiammo alle sbarre che recintavano il cortile e attraverso le sbarre guardammo lì in fondo, verso quel niente da vedere, in silenzio.

"Da quanto tempo è chiuso?" chiese Paolo.

"Boh, da sempre" disse Giampiero.

"Dall'89 o forse dal '90. Me lo sono chiesto più volte, e non sono mai riuscito a mettere a fuoco questo ricordo" dissi io. In realtà non riesco a mettere bene a fuoco quasi nessun ricordo, ma questo lo tenni per me.

"Chissà qual è stato l'ultimo film che hanno proiettato, l'ultima sera" disse Paolo.

"Chissà quando è stata l'ultima volta che siamo venuti insieme qui" aggiunse Giampiero, ed ebbi la netta impressione che lo dicesse facendo uno sforzo, solo per mantenere un contatto con la conversazione, con noi. Io non dissi niente. Mi limitai ad annuire, meccanicamente. Non mi ricordavo. Non mi ricordavo quando era stata l'ultima volta che ci eravamo andati insieme e nemmeno l'ultima volta che c'ero andato e basta, quando Paolo era via sicuramente già da qualche anno.

"Chissà quanti di quelli che hanno visto quell'ultimo spettacolo sono morti" proseguì Paolo, e il suo tono era sgradevole, la voce leggermente alterata dall'alcol.

Mi diede fastidio, quella frase, e così, per fare qualcosa e lasciare che l'ansia defluisse, diedi un leggero colpo con la mano al cancelletto pedonale. Che qualcuno aveva dimenticato di chiudere e che dunque si aprì con un cigolìo di metalli male avvitati e male lubrificati.

Entrammo uno dopo l'altro, senza dire niente, come se fosse ovvio e inevitabile, a quel punto; e attraversammo il cortile fino all'ingresso del cinema. Sembrava che quella porta fosse stata chiusa solo poche ore prima, dopo l'ultimo spettacolo. Tutta la situazione aveva qualcosa di triste e vagamente sinistro.

"Ragazzi, non so perché, ma mi vengono i brividi. Mi sento a disagio in questo posto. Perché non ce ne andiamo?" disse Giampiero, parlando sottovoce.

Paolo fece un'espressione sbilenca. Poi si appoggiò al muro vicino alla porta.

"È normale che tu ti senta a disagio, qui ci sono i fantasmi."

Anche lui parlava sottovoce, quasi in un sospiro.

"Ehi, non dire così che io mi cago sotto davvero. Mi sembra una storia di Stephen King."

Paolo ridacchiò guardando verso l'alto, in nessun posto. Si lasciò scivolare per terra e si sedette appoggiato al muro, vicino alla porta d'ingresso del cinema.

"Ve la ricordate quella storia delle ragazze che scomparivano nel bagno del cinema Jolly? Le narcotizzavano, le facevano cadere in una botola e poi le vendevano."

"Mai sentito che queste cose succedessero qui. Le ragazze le sequestravano in quel negozio di abbigliamento in Corso Cavour" fece Giampiero. "Andavo a provarmi i pantaloni – mai comprati, erano veramente brutti – per verificare se c'erano queste botole... mai sentito che le prendessero anche qui. Tu l'hai mai sentita questa storia?" aggiunse, rivolgendosi a me.

"Mai sentita. Secondo me se l'è inventata adesso. Ha

imparato a sparare cazzate, a Chicago. All'epoca non era capace." Fui contento che il clima si fosse improvvisamente alleggerito e i fantasmi, per qualche momento, fossero stati ricacciati altrove.

"Chissà come nascono queste leggende metropolitane. Tanti anni fa pensavo che mi sarebbe piaciuto inventarmene una, cominciare a diffonderla e vedere cosa succedeva" disse Paolo.

"Ci volevi provare adesso, con questa stronzata delle ragazze narcotizzate nel cesso del Jolly."

"Già, anche se, a pensarci, l'Arena Giardino sarebbe stata l'ambientazione perfetta per una bella leggenda horror. Sarebbe piaciuta a George Romero. Ovviamente non c'è più, vero?"

"Vero. Forse ha chiuso addirittura prima del Jolly."

"Quell'arena mi piaceva proprio perché era... non mi viene la parola giusta in italiano. Era *creepy*, il genere di posto in cui potresti immaginare che accadano cose strane. Le ragazze rubate per venderle come schiave, o magari un morto vivente seduto un paio di file dietro, che pregusta il momento in cui ti sbranerà a morsi."

"Tu hai bevuto un po' troppo, secondo me" fece Giampiero. E il tono era a metà fra lo scherzo e la preoccupazione.

"Oppure ha letto troppo Lansdale" aggiunsi io.

"E non ho ancora finito. La sapete la storia della ragazza al casello Bari Nord?"

"La ragazza dove?" chiese Giampiero.

Paolo sorrise. Poi tirò fuori dalla tasca la bottiglia e fece l'ennesimo sorso.

Anche Giampiero e io ci sedemmo per terra, appoggiati al muro. Io pensai che, al diavolo, avevo voglia anch'io di un po' di alcol e chiesi a Paolo di passarmi la bottiglia, perché la mia era rimasta in macchina. Me la diede, dicendomi di non esagerare, e poi ci raccontò la storia della ragazza al casello Bari Nord.

"Un amico di un mio amico stava tornando in autostrada, da un viaggio di lavoro. Era notte, novembre, ed era una di quelle sere strane e rare in cui a Bari c'è la nebbia. Quelle in cui può accadere di tutto. Arrivato al casello di Bari Nord, proprio mentre sta pagando, questo tizio sente bussare sul finestrino del lato passeggero. Tira giù il vetro e vede una bella ragazza, bionda, un po' pallida, vestita solo con una camicetta anche se fa freddo ed è molto umido. La ragazza gli chiede un passaggio perché – dice – ha avuto un incidente. L'amico del mio amico la fa salire e le chiede dove vuole essere accompagnata e lei dice: alla fine di via Crispi. Lui è un po' stupito perché la ragazza ha un aspetto molto elegante, è un po' diafana, ha qualcosa di... sfuocato. Ecco, sembra sfuocata. Quella è la zona del cimitero, ci sono case molto popolari, baracche, vecchi capannoni, laboratori di marmisti che lavorano per il cimitero. Non sembra la zona dove abita una ragazza così."

Paolo fece una pausa e ci guardò per controllare di aver catturato la nostra attenzione.

"Ah, dimenticavo, la ragazza ha in mano un pettine d'osso che sembra antico e naturalmente lui nota il particolare, perché la ragazza non ha niente altro in mano. Comunque sia: arrivano al punto in cui via Buozzi si trasforma in via Crispi."

"Cioè al cimitero."

"Cioè al cimitero, appunto. La ragazza dice che può scendere lì, dove proprio non ci sono case. Intanto la nebbia è diventata ancora più fitta e il tizio, che è una persona gentile, si offre di accompagnarla a piedi fin sotto casa. Lei si volta e lo guarda un attimo. Solo un attimo, ma lui dice che quello sguardo gli ha fatto gelare il sangue nelle vene. Poi la ragazza dice ciao, con una voce che è poco più di un respiro, e salta giù dalla macchina. Lui la guarda allontanarsi nella nebbia e, quando ormai non riesce quasi più a vederla, gli sembra che si arrampichi su un muro. Pensa di scendere dalla macchina per andare a vedere, ma non trova il coraggio e, insomma, alla fine riparte e se ne va a casa. La notte non dorme, o forse dorme male e fa brutti sogni. Il giorno dopo la nebbia è scomparsa, anche se è sempre una giornata grigia. È meno difficile trovare il coraggio per andare a vedere dov'è finita la ragazza. Così lui va al cimitero e cerca di individuare il punto in cui la ragazza si è arrampicata sul muro. Per prima cosa si accorge che è molto alto, quel muro, e che lui, tanto per dire, non sarebbe capace di scavalcarlo. Come diavolo ha fatto la ragazza, si chiede. Poi raggiunge l'ingresso principale, entra e localizza, all'interno, il punto del muro di cinta dal quale la ragazza ha scavalcato. La sera prima era umidissimo, per via della nebbia, il terreno era morbido e lui trova le impronte della ragazza. Le segue e arriva a una tomba sulla quale è appoggiato il pettine che la ragazza aveva in mano. Ovviamente lui vuol vedere chi è la persona sepolta – c'è anche una fotografia – e così legge il nome e l'epitaffio. E naturalmente la foto è di quella ragazza, che è

morta esattamente un anno prima in un incidente strada-
le, vicino al casello Bari Nord."

L'avevo già sentita anch'io, quella storia. Con qualche
piccola differenza – in una versione non è una ragazza ma
una bambina, in un'altra versione ha una borsa o un cap-
pello invece del pettine –, ma era sempre quella. Ed era
sempre capitata all'amico di un amico. Lo sai benissimo
che è una leggenda metropolitana, diffusa in tante altre
città, eppure non riesci a evitare un brivido quando la senti raccontare.

Per premiarsi Paolo bevve un altro bel sorso di grappa.

"Ehi, non stai esagerando con quella roba?" fece Giampiero.

"*Mind your fucking own business.*" Lo disse senza vol-
tarsi, come se stesse parlando da solo, guardando nel vuoto. Il tono era freddo e quasi sprezzante, e mi fece sentire
in imbarazzo, anche se la frase non era diretta a me e
Giampiero non la capì. Si era sempre vantato di saper parlare solo l'italiano e il dialetto barese e di essere passato in-
denne da anni di vacanze-studio in Inghilterra.

"Che vuol dire?" disse Giampiero con il sorriso incerto di chi non sa come comportarsi.

Paolo non gli rispose e riprese a parlare al vuoto, seguendo il corso di pensieri popolati da un'angoscia sottile e guizzante. Era ubriaco e al tempo stesso bizzarramen-
te lucido.

"A volte vado su Google e digito Bari, insieme con
qualche altra parola, a seconda di quale curiosità mi è venuta. Si scoprono un sacco di cose. Per esempio: secondo
una leggenda la basilica di San Nicola fu costruita per cu-

stodire il Sacro Graal, che sarebbe nascosto lì sotto, da qualche parte nella cripta. Secondo un'altra leggenda, sempre nella cripta di San Nicola sarebbe nascosta la lancia di Longino, cioè il soldato romano che trafisse il costato di Gesù in croce."

"C'è anche un albo a fumetti di Martin Mystère che parla di questa leggenda. Si intitola *Il mistero di San Nicola*."

"Ehi, magari su questa roba Dan Brown ci scrive un altro libro" disse Giampiero con allegria forzata. Mi dissi che *Il codice da Vinci* era il tipico libro che poteva aver letto, trovandolo fantastico, appassionante e magari addirittura ben scritto. Subito dopo mi dispiacque di aver pensato quella piccola cattiveria. Man mano che la notte avanzava, Giampiero mi faceva un'incomprensibile tenerezza. Per scacciare quel disagio, ripresi a parlare. Di leggende, di luoghi esoterici e dello strano segreto che ci aveva rivelato Paolo.

"Secondo altri il Graal sarebbe nascosto in qualche sotterraneo di Castel del Monte" dissi. E poi aggiunsi: "E tu nel tempo libero fai ricerche in internet su Bari?"

"Da qualche tempo mi succede. Non lo so perché ho cominciato e non lo so perché continuo. La notte spesso non riesco a prendere sonno e, quando sono steso nel letto, al buio, senza potermi muovere perché sveglierei mia moglie, mi sembra di diventare pazzo. A volte mi prende un senso di panico come se stessi per morire. Allora mi alzo – *ti versi da bere*, pensai automaticamente, senza controllo sulla mia voce interna – e a volte leggo, ma più spesso mi metto a navigare. E così è successo che, a poco a poco, mi sono ritrovato a fare ricerche su Bari. Mi sono accanito, e adesso sembro una specie di studioso di storia patria. La cosa veramente bislacca è che ora mi sembra di conoscere la città molto più di quanto la conoscessi quando ci abitavo. La conosco molto meglio adesso che la vedo attraverso il computer di quanto la conoscessi allora, quando per quelle strade ci passavo ogni giorno."

Esattamente la stessa cosa era capitata a me quella sera, con il navigatore della macchina. Le strade e la città mi erano parse molto più reali nello schermo di quel navigatore di quanto non mi fossero sembrate attraversandole tutti i giorni, annusandone gli odori, sentendone i suoni, potendone toccare i muri.

Mi stavo chiedendo se valesse la pena dirla, questa cosa, o se non fosse meglio tenerla per me, visto che probabilmente non importava a nessuno, quando in qualche posto della notte si alzò un grido straziante. Di quelli che non sai mai se siano il gemito di un gatto in calore o il lamento disperato di un bambino. Ci voltammo tutti e tre e restammo a lungo ad ascoltare con gli occhi. Il grido però non si ripeté e l'oscurità, con lenti, fluidi cerchi concentrici, tornò quieta.

Paolo si strofinò il viso con le mani, energicamente, come se avesse voluto togliersi qualcosa di appiccicoso. Poi riprese a parlare, e adesso sembrava si rivolgesse a noi. La conversazione, in maniera inattesa, stava riprendendo una piega quasi normale.

"Insomma, ho scoperto un sacco di cose. Vi siete mai accorti che Bari ha la forma di un'aquila?"

"Un'aquila?" fece Giampiero.

"Un'aquila. Guardate una cartina e ve ne accorgerete. La penisola di Bari Vecchia è la testa, e ai due lati ci sono le ali spiegate. Se ci si concentra sulla testa poi si coglie tutto l'insieme. Ma potrei inondarvi d'informazioni sulla città trovate in rete. E poi mi sono messo a cercare libri e film che parlano di Bari. È diventato un hobby, o una fissazione. La cosa assurda è che di Bari non me ne fregava niente, quando ci stavo, e sono stato ben contento di andarmene."

"Dicci dei film e dei libri" chiesi, ignorando tutto il resto.

"Be', per esempio, c'è un romanzo di Nero Wolfe…"

"Che dici? Nero Wolfe, quello degli sceneggiati con Tino Buazzelli?" disse Giampiero.

"Proprio quello. È un romanzo del 1954, *Nero Wolfe fa la spia*. È l'unica storia in cui Nero Wolfe si sposta da Manhattan. Deve andare in Montenegro, e per andarci deve passare da Bari. Alloggia in un losco appartamento dove naturalmente trova anche il modo di preparare una delle sue ricette."

"Com'è il romanzo?" chiesi io.

"Noioso, ma c'è da dire che io non amo il genere. E comunque fa un certo effetto leggere la descrizione della città, dove peraltro dubito che Rex Stout sia mai venuto. Sembra Kabul, sembra Tbilisi, sembra tutto fuorché una città occidentale del ventesimo secolo."

"E lo conosci quel film di Clint Eastwood…" fece Giampiero.

"*I ponti di Madison County*. Grande film, e Meryl Streep, che si chiama Francesca, nel film dice di essere nata a Bari."

Guidati da Paolo facemmo un'escursione tra i film e i libri ambientati a Bari o che parlavano di Bari. Avevamo cominciato con il *Viaggio in Italia* di Piovene, per passare rapidamente a film non proprio indimenticabili. Ci stavamo ricordando con trasporto di un filmaccio poliziesco girato a Bari negli anni '70 ed eravamo nel pieno di questa assurda conversazione quando un uomo sui venticinque anni comparve davanti a noi. Solo allora mi resi conto che stavamo parlando ad alta voce, a notte fonda, a pochi metri da case dove la gente dormiva.

Non lo so se il tizio rientrava a casa in quel momento o era uscito da una delle palazzine attirato dalle nostre voci. Non l'avevo visto arrivare. Era massiccio, con una pancia precoce e ostentata, i baffi neri, la faccia di uno che sa badare a se stesso ed è poco incline alle distinzioni sottili.

Ci guardò tutti e tre e poi si rivolse a Paolo, che era stato l'ultimo ad accorgersi del suo arrivo e aveva continuato a parlare, a voce alta e un po' alterata dalla grappa.

"N'n t' vrgogn' 'mbriac' a chess'età, mezz' alla strad'? Vattin' a cas't" (*Non ti vergogni, ubriaco a quest'età, in mezzo alla strada? Vattene a casa*. Non proprio un elogio, insomma). Paolo lo guardò dal basso verso l'alto, con l'espressione tipica dell'ubriaco, cui capita qualcosa di imprevisto e cerca di riordinare i pensieri, di stabilire una linea d'azione.

"Senti, non ci rompere il cazzo e vattene tu a casa" disse infine, dopo essersi tirato su a fatica.

Quello non gradì, e rispose in modo poco cordiale, con allusioni fecali e dettagliati riferimenti ai familiari di Paolo. Quelli in vita e soprattutto i defunti. Giampiero e io ci alzammo perché la situazione rischiava di precipitare. Paolo, barcollando, si avvicinò al baffuto. Si avvicinò troppo.

Ci sono schemi e rituali, nei litigi di strada, e in questi rituali è inclusa un'idea molto precisa delle distanze di sicurezza. Se queste distanze vengono violate, è inevitabile che partano le mazzate.

Paolo non era mai stato un esperto di queste cose. In realtà non aveva mai fatto a botte in vita sua, per quanto ne sapevo. Si avvicinò troppo e quello fece partire un ceffone. Ben dato, violento e secco. Il ceffone di uno che era abituato a darne. La testa di Paolo oscillò pericolosamente, gli occhiali volarono, lui arretrò – o fu respinto – verso il muro da cui si era appena alzato.

Come accade in questi casi, da quel momento la scena perde chiarezza nel mio ricordo. Penso che il tizio abbia fatto, in direzione contraria, lo stesso errore di Paolo, un attimo prima. Non si accontentò del ceffone e si avvicinò per picchiare ancora.

La mia gamba partì senza che lo avessi propriamente deciso.

O forse fu esattamente il contrario. Volevo che quello si avvicinasse troppo e tentasse di colpire ancora, per essere autorizzato a fare quello che feci.

Nel film del mio ricordo la gamba parte senza un ordine consapevole del cervello, disegna un percorso circolare inevitabile, e completa la sua corsa con il piede che affonda nella pancia del baffuto. Quello si piega in due come un pallone sgonfio, facendo un rumore come uno sbuffo, a metà strada fra il ridicolo e il drammatico. Potrebbe bastare, ma io gli vado addosso lo stesso e lo prendo a pugni, ripetutamente, molto più di quanto sia necessario.

Certo è che nella scena successiva quello si tocca la faccia e ne ritira una mano insanguinata; Paolo recupera i suoi occhiali, e anche la bottiglia; Giampiero dice che dobbiamo andarcene subito, prima che qualcuno chiami la polizia col rischio di trovarci tutti "nella merda fino al collo". Il baffuto si guarda la mano insanguinata e non dice niente, perché gli eventi hanno preso una curva inattesa. Un signore che potrebbe essere, se non suo padre, certamente uno zio, lo ha preso a calci e gli ha spaccato la faccia. Non era preparato a una cosa del genere e, per inciso, il naso gli sanguina in modo preoccupante. Così rimane lì, sperando di trovare un senso, o almeno del cotone emostatico, mentre noi ce ne andiamo di corsa, come tre adolescenti appesantiti, in fuga dopo uno scherzo mal riuscito.

Attraversammo in fretta il cortile, raggiungemmo Corso Italia e la macchina, Giampiero mise in moto e – molto preso dalla sua missione di capo della squadra di salvataggio – partì in velocità, facendo stridere le gomme sull'asfalto. Così, se per caso fosse davvero passata la polizia, avrebbe saputo subito chi inseguire.

Nessuno parlava, in macchina. Giampiero era concentrato sulla guida e ogni due isolati girava cambiando direzione. Era in missione, ci stava portando in salvo, lontani dalla linea del fuoco e del pericolo. Se avessimo evitato la galera (io in particolare) lo avremmo dovuto solo a lui.

Paolo non potevo vederlo, perché era seduto dietro di me. Lo sentivo respirare, però. Come uno che ha l'affanno, con una nota cupa, frustrata e rabbiosa.

Io guardavo le strade davanti a me – le strade, non più

il navigatore – ingoiate dal cofano della macchina che avanzava sicura, e non riuscivo a pensare ad altro.

Con un'esultanza insensata e totale non riuscivo a pensare ad altro se non che quello stronzo aveva vent'anni meno di me, e io gli avevo spaccato la faccia.

Ero ancora capace di farlo.

Cazzo, ero ancora capace.

Decimo

La macchina di Giampiero mangiava le strade e i loro fantasmi, come l'omino di pac-man. Via Sagarriga Visconti, via Dante, via De Rossi, Corso Vittorio Emanuele, dove non c'erano più macchine in doppia fila, gruppi di ragazzi, moto, e i locali sembravano chiusi per sempre.

Una volante della polizia procedeva pigramente in direzione opposta alla nostra. Quando Giampiero la vide, rallentò. Eravamo malviventi in fuga dalla scena del crimine, e non dovevamo farci notare. Le macchine si incrociarono, i poliziotti ci ignorarono, Giampiero diede un sospiro di sollievo.

O forse quest'ultima cosa me la sono immaginata, come una integrazione della storia, per ragioni di coerenza narrativa.

Non lo so. Faccio fatica a distinguere le sequenze di quello che è accaduto da tutto quello che ho aggiunto io, più o meno inconsapevolmente, ogni volta che ho raccontato un fatto a me stesso o ad altri. Quando mi fermo su questa riflessione – ma di regola cerco di evitarla – mi prende un senso di irrealtà, mi accorgo di non avere un criterio solido per distinguere quello che è successo da quello che mi sono inventato o che mi sono sognato, e mi sembra di stare in bilico su un abisso pauroso.

Comunque la macchina continuò a procedere in modo abbastanza reale. Percorremmo tutto Corso Vittorio Emanuele, svoltammo su Corso Cavour e ci fermammo davanti al Petruzzelli.

Il teatro era stato inaugurato il 14 febbraio 1903 con la rappresentazione – che le cronache raccontano affollatissima – degli *Ugonotti* di Meyerbeer. Un rituale di passaggio per una città di periferia che aspirava a diventare capitale di qualcosa, e sceglieva quel teatro magnifico come simbolo del suo desiderio di promozione.

La parabola di quel desiderio si compì il 26 ottobre 1991, quando nel Petruzzelli venne rappresentata la *Norma* di Bellini. Secondo uno di quei *plot* grossolani tipici della vita reale, l'incendio del teatro fu preceduto dalla rappresentazione di un'opera che termina con un rogo.

Qualche ora dopo la fine dello spettacolo e del rogo di cartone della *Norma*, il teatro e la città furono sbranati da un rogo vero, osceno e implacabile, appiccato da una banda di incendiari sulla cui professionalità si è a lungo discusso. Non è mai stato chiarito se l'intenzione dei criminali fosse quella di distruggere o solo di danneggiare, perciò è difficile dire se gli esecutori furono degli implacabili professionisti o, più probabilmente, degli ignobili cialtroni. Sta di fatto che il teatro fu completamente distrutto, cupola inclusa, e la città vide calare il sipario sulle sue illusioni.

Indagini e processi hanno scavato per anni nelle tenebre della città, ma non hanno consentito di accertare le responsabilità dei mandanti e di comprendere davvero le ragioni dell'incendio; non hanno consentito di stanare gli interessi viscidi che si muovevano dietro quei mandanti e sullo sfondo di questa storia assurda.

I soli a pagare – giustamente, beninteso – sono stati i due esecutori materiali.

La verità processuale a volte assomiglia alla verità storica dei fatti; altre volte – come in questo caso – acquista il tono e le movenze di una farsa.

Quello che rimane, delle migliaia di atti processuali, è la storia mediocre e implausibile di due personaggi che senza una ragione (o un movente, se vi piace di più) penetrano nottetempo nel teatro, gli danno fuoco e poi se ne vanno, fischiettando, a farsi due birre al bar del porto.

* * *

Giampiero parcheggiò con le ruote anteriori sul marciapiede, davanti alla recinzione del cantiere, abbassò il finestrino e, ritenendo di aver compiuto la sua missione, decise che poteva tornare a parlare. Per allentare la tensione, che era ancora tutta percepibilissima, e per preparare la fine della rimpatriata, che evidentemente era durata fin troppo e soprattutto era sfuggita al suo controllo.

"Vabbè" sospirò, "abbiamo rischiato di ficcarci in un guaio, ma ne siamo usciti alla grande. Come ai vecchi tempi."

Era riuscito a mettere in una sola frase due delle espressioni che detesto di più: "alla grande" e "vecchi tempi". Ne avevo abbastanza. Volevo andarmene a casa e dimen-

ticarmi di quella serata, di quella recita a soggetto sull'a-
micizia, di quel passato che si dibatteva tristemente nei
nostri corpi di ex ragazzi.

"Cazzo" continuò, accelerando il ritmo, come se stesse
recitando in fretta una parte imparata a memoria, "gli hai
spaccato la faccia, a quello stronzo. Ma ti alleni ancora?
Non siamo un po' vecchi per certe cose? E comunque voi
due siete matti, vi rendete conto che rischiavamo di sput-
tanarci per tutta la vita? Già me li vedo i titoli dei giornali, se ci beccavano."

Silenzio. Giampiero andò avanti.

"Comunque direi che abbiamo fatto abbastanza tardi.
Adesso vi riaccompagno, ci salutiamo e ci diamo appuntamento alla prossima."

Il tono era deliberatamente e disperatamente leggero.
L'appuntamento alla prossima volta suonò falso e quasi
lugubre.

Paolo aprì lo sportello e scese dall'auto, senza dire una
parola.

Giampiero mi guardò. Io scrollai le spalle e anche noi
scendemmo.

Paolo aveva cominciato a percorrere la recinzione del
cantiere. Era tappezzata con i manifesti degli spettacoli e
con le pagine della «Gazzetta del Mezzogiorno» che di
quegli spettacoli avevano parlato. Solo la «Gazzetta», perché fino a quando il teatro bruciò – e per molti anni ancora dopo – fu l'unico vero giornale della città. Solo molti
anni dopo arrivarono «Barisera», e le edizioni locali della
«Repubblica» e del «Corriere».

La recinzione, con quei manifesti e quelle pagine del

giornale, era lì da molti mesi, ma solo quella notte feci caso a quello che c'era.

Nureiev, Barišnikov, Carolyn Carlson, Carla Fracci, Momix, Bolscioi, e poi Pavarotti, Frank Sinatra, Juliette Gréco, Ray Charles, Liza Minnelli, Eduardo De Filippo, Zizi Jeanmarie, Maurice Béjart, Herbert von Karajan, Riccardo Muti, Lindsay Kemp, Strehler, Rostropovič. Persino Jerry Lewis, che, mi parve di ricordare, era venuto a Bari a metà degli anni '80.

Sembrava che dietro quella recinzione fosse nascosto il passaggio segreto che ci aveva collegato per tanti anni al resto del mondo, e che era stato ostruito dalle macerie, dalle suppellettili bruciate, dalla cenere. E dal disastro morale, naturalmente.

Era davvero tardi e non passava nessuno, né macchine né umani. Giampiero si fermò davanti a Frank Sinatra. Paolo faceva avanti e indietro, e ogni tanto toccava la recinzione e i manifesti, come per controllarne la consistenza.

Io leggevo i vecchi articoli della «Gazzetta del Mezzogiorno» e inseguivo i ricordi. Non riuscivo a collocarli in ordine cronologico, però. Nella mia memoria confusa, sembravano recenti fatti e spettacoli del passato più remoto, e lontanissime cose accadute in anni più vicini.

Eravamo uno vicino all'altro, davanti alla faccia di Ray Charles.

"In che anno fu il concerto di questo signore?" chiese Giampiero.

"Era il dicembre 1985" risposi io.

"Grande concerto" disse Giampiero.

In realtà non era stato un grande concerto. Ray Charles aveva suonato per meno di un'ora, aveva fatto un solo bis – nel senso di una sola canzone –, così platealmente pianificato da essere irritante, e tutti eravamo andati via dal teatro piuttosto delusi. Ma era Ray Charles, e in ogni caso non mi sembrava valesse la pena, a quell'ora, aprire un contenzioso sul contrasto fra mito e memoria storica dei fatti. Essenzialmente volevo andarmene a dormire. Così sorrisi, feci sì con la testa e non dissi niente. Poteva significare tutto.

"Uscendo, quella sera, dicesti che era stato un concerto di merda" disse Paolo, rivolgendosi a me. Avrei dovuto capirlo subito – dal tono, dalla faccia, da tutto – che cercava semplicemente un pretesto, e non avrei dovuto replicare. Ma forse, a pensarci bene, io stesso cercavo un pretesto, anche se non lo sapevo.

"Intanto sicuramente non ho detto così. Voglio dire: concerto di merda o roba simile. Poi, sì, in effetti la serata fu un po' deludente, ma insomma: era Ray Charles e noi siamo stati a pochi metri da lui. È solo un piccolo maquillage dei ricordi."

"Maquillage dei ricordi? E che cazzo vuol dire?"

"Sono sicuro che se ti sforzi riesci a capirlo da solo."

"Vaffanculo. Perché sei sempre così maledettamente uguale a come sei sempre stato? Perché continui a dire le stesse stronzate che dicevi da ragazzo? Va sempre tutto bene per te, non è vero? Non si diventa vecchi, non ci si ammala, le cose non finiscono, gli amici, gli amori, gli affetti non muoiono. Se succede una tragedia c'è sempre il modo di trovare l'aspetto positivo della faccenda. Se uno si becca il cancro certamente uscirà migliore da questa esperienza. Se non crepa, naturalmente. Sei sempre stato un maledetto manuale vivente sulla felicità più ottusa, uno di quelli che si trovano sugli scaffali dei supermercati. Mi dai la nausea, me l'hai sempre data e se c'è qualcosa di buono in questa serata di merda è nel fatto che ho trovato il modo di dirtelo. Stronzo."

La violenza di quelle parole mi sorprese, e allo stesso tempo mi parve l'esito naturale, anzi inevitabile, del nostro incontro. Qualcosa che stava per dare un senso a quella sera e a tante altre cose rimaste in sospeso, senza che io me ne fossi reso conto.

"Forse è meglio andarcene a dormire, abbiamo bevuto tutti un po' troppo."

"Vuoi dire che *io* ho bevuto un po' troppo? Vuoi dire che sono ubriaco? È vero, e per fortuna. Così riesco a dire cose che non ti ho mai detto allora e che non ti avrei detto mai più, perché questa è l'ultima cazzo di volta" – scandì queste parole e mi fece venire in mente certe interpretazioni di Al Pacino – "che ci vediamo nella vita. Perché, a parte il fatto che io non ho nessuna voglia di vederti di nuovo, ti informo che esiste la tristezza, esiste l'infelicità, le cose finiscono, si invecchia, ci si ammala e si muore. E ho una notizia: capiterà anche a te."

Stavo per dire qualcosa, stavo per abbozzare una reazione, quando un pensiero mi lacerò la testa. Era un pensiero che tante volte avevo percepito al di sotto della consapevolezza e che in quel momento, invece, venne fuori chiaro e netto. Avevo sempre confusamente pensato che l'avrei fatta franca da tutto. Malattia, infelicità e magari anche la morte. Che se proprio doveva arrivare, come premessa di un viaggio da un'altra parte, sarebbe arrivata delicatamente, molto lontano nel tempo, un pomeriggio di primavera, senza sgradevoli preliminari, senza sofferenze e senza umiliazioni. Non ero mai stato pienamente consapevole di questa irrazionale credenza. Mai, fino a quel momento, fino a quando Paolo mi disse quelle cose. Evidentemente mi aveva osservato, studiato e capito da molto tempo. Mi chiesi quali altre cose su me stesso stavo per imparare.

"Perché cazzo non reagisci? E poi, giacché ci siamo, chi te l'ha chiesto di metterti in mezzo, prima? Quello stronzo ce l'aveva con me e io avevo tutto il diritto di farmi spaccare la faccia senza che tu ti intromettessi. Ma tu non ti sei mai fatto i cazzi tuoi, anche se l'altruismo non c'entra niente, lo sappiamo tutti."

"Questa adesso me la spieghi. Mi rendo conto che aspettarsi un ringraziamento per averti salvato occhiali e connotati è un'aspirazione irrealistica. Non c'era bisogno di questa sceneggiata e diciamo che *grazie* non è mai stata la tua parola preferita. Però mi piacerebbe se mi spiegassi che vuol dire questa stronzata sull'altruismo."

"Certo che te lo spiego. Come tutti i narcisisti, tu non hai mai vissuto per davvero. Hai sempre e soltanto interpretato un personaggio. E visto che è il *tuo* personaggio, gli hai dato tutte le qualità, altruismo incluso. Ma è tutta una recita, è tutta una dannata bugia."

Paolo riprese fiato qualche istante, ma chiaramente non aveva finito. Giampiero seguiva esterrefatto. Io ero in equilibrio precario fra lo sbigottimento e una distaccata, quasi asettica curiosità di vedere come – e dove – andava a finire.

"Lo sai che cosa diceva Daria di te?"

Appena Paolo ne disse il nome, Daria saltò fuori dagli anfratti della mia memoria. Nitida, con il suo sguardo ironico, la sua voce tagliente appena attraversata da una venatura di accento barese che in lei era addirittura piacevole. Mi ero chiesto a lungo – e inutilmente – perché, pur essendo lei bella, intelligente, raffinata, simpatica, e innamorata di me, io non mi fossi mai innamorato di lei.

Non mi ero mai chiesto, invece, se fra lei e Paolo ci fosse stato qualcosa. Non mi era mai nemmeno passato per la testa. Eppure in quel momento, mentre lui mi diceva quelle cose spietate, inattese e vere, nella mia testa presero corpo domanda e risposta. Immagini e ricordi andarono istantaneamente a fuoco e tutto fu così chiaro che mi chiesi come avessi fatto a non accorgermi di nulla.

"No, non lo so, dimmelo tu. Immagino che ne abbia una gran voglia."

"Diceva che sei incapace di assumerti delle responsabilità. Diceva che sei uno che, alla sola prospettiva di una cattiva notizia, si mette a parlare d'altro. Voleva dire che sei un vigliacco, nel caso il concetto fosse un po' oscuro per te. E poi, questa me la ricordo a memoria, diceva che sei un mentitore professionista, della specie più sottile, innocente e pericolosa: quelli che si convincono di mentire per una ragione etica. E invece mentono per il loro esclusivo e ipocrita interesse."

Avrei potuto reagire. Avrei potuto dire qualcosa di sarcastico sul fatto che Paolo e la mia ragazza si scambiavano, a mia insaputa, queste lusinghiere opinioni sul mio conto nelle pause, probabilmente, di altri svaghi, meno intellettuali.

Ma non ne avevo nessuna voglia. Le parole di Paolo erano come il fascio di un riflettore che illuminava angoli inesplorati della mia coscienza. Non avevo voglia di spegnere quel riflettore solo per reagire all'aggressione.

Da bambino dicevo tante bugie. Di tutti i tipi e per tutte le circostanze. Dicevo bugie perché mi sentivo inadeguato, immagino. E non c'era nulla del gioco, in questo. Dicevo bugie, piccole e grandi, gratuite e indispensabili, perché ne avevo bisogno. Percepivo confusamente che, senza, non sarei stato capace di andare avanti. Non smisi, diventando adulto. Le bugie erano il mio modo di affrontare lo sgomento per il mondo, e la paura degli altri.

Pensavo fosse un segreto molto ben custodito, ma in quel momento, davanti al Petruzzelli, alle tre di notte, stavo scoprendo che non era così. Non sapevo che dire e non so se Paolo aveva qualcosa da aggiungere. Magari voleva raccontarmi in che situazione Daria gli aveva detto tutte quelle cose – e chissà quali altre – sul mio conto. Magari stavo per scoprire che mentre si lamentava del fatto che non fossi innamorato di lei Daria si scopava il mio amico e negli intermezzi gli forniva anche diagnosi penetranti sulla mia inclinazione patologica alla menzogna.

"Basta. Non ne posso più di sentire queste stronzate. Se avevi dei problemi avresti fatto bene a risolverli allora, senza tirarla fuori adesso tutta questa spazzatura. Senza trascinare tutto nella merda."

Lo disse a bassa voce, Giampiero. Aveva un tono stanco, quello di chi si accorge di avere sbagliato qualcosa – o forse tutto – e sa che è troppo tardi per rimediare. Un tono avvilito, triste e però inaspettatamente adulto e serio.

Paolo lo guardò stupito come si fa con un subalterno, in genere trattato con condiscendenza, che non è stato al suo posto.

"Problemi? E che cazzo ne sai tu dei problemi? Che problemi hai mai avuto, tu, a parte scegliere che macchina nuova comprarti o in quale isola delle Maldive andare in vacanza?"

Giampiero lo guardò, poi fece un respiro profondo.

"Vuoi sapere quali sono i miei problemi, a parte le macchine e le Maldive? Mia figlia è autistica. È sufficiente?"

La scena s'immobilizzò in un fermo immagine insopportabile. Nella mia testa presero forma le parole di una canzone. *La bottiglia spezzata, il liquore versato.*

Mi dispiace, mi dispiace, non lo sapevo nemmeno io che avevi una bambina autistica. Non me lo ha mai detto nessuno, nemmeno tu, le volte che ci siamo incontrati. Ho letto che ci sono speranze per la cura dell'autismo, che le ricerche sono a buon punto. Vedrai che la tua bambina guarirà. Quanti anni ha? Ne hai altri? Madonna mia. Io non dico mai Madonna mia, eppure adesso mi viene. Quanti anni ha la bambina? Come si chiama? Scusami per aver sempre pensato le cose che ti ha detto Paolo. Scusaci per la nostra miserabile arroganza, per la nostra condiscendenza. Scusaci tutti e due, stronzetti arroganti, primi della classe del cazzo.

Non dissi così. Non dissi niente, perché ero paralizzato dal dispiacere e dalla vergogna.

Il silenzio durò quanto doveva, e fu interrotto dalla voce, quasi irriconoscibile, di Paolo.

"Mi dispiace. Sono ubriaco, ma soprattutto sono uno stronzo. Scusami. Scusatemi tutti e due. Mi sono comportato in un modo inconcepibile, non so cosa mi ha preso."

Poi abbassò il capo, come se stesse riflettendo a quello che aveva detto e a quello che doveva aggiungere. Lo decise abbastanza in fretta.

"Anzi no. Lo so cosa mi ha preso, e giuro che mi vergogno."

Giampiero si avvicinò alla macchina e si sedette sul cofano. Aveva un'aria assurdamente tranquilla, come di chi stia facendo una breve pausa in una conversazione normale.

Paolo rimase fermo.

Io rimasi fermo.

Sembravamo tre attori su un palcoscenico insensato, in attesa di riprendere a recitare.

Sembrava uno spettacolo in cui, dopo il colpo di scena, fossero cambiati i rapporti e si fossero invertite le gerarchie.

"Saliamo in macchina" disse Giampiero alla fine, e noi obbedimmo senza fare domande.

Rimanemmo in silenzio fino a quando imboccammo la tangenziale. Poi Giampiero rispose, con tono asciutto e pieno di dignità, alle domande che non gli avevo – che non gli avevamo – fatto.

"Ho sbagliato, avrei dovuto dirvelo. Mi vergognavo però, e mi vergogno ancora di più di vergognarmi. Si chiama Benedetta, ha quattro anni. Ci siamo accorti che qualcosa non andava quando ne aveva uno e mezzo. Ne ho anche un'altra che si chiama Tiziana, è bellissima, ha sette anni e sta bene. Ci sono momenti in cui mi sembra di impazzire. Cerco di parlarle e lei, semplicemente, non mi guarda. Cerco di farla parlare, cerco di farle fare gli esercizi che ci assegna il neuropsichiatra e lei non mi guarda, non parla, non fa gli esercizi e si arrampica da qualche parte, o mette in fila degli oggetti o fa qualcuna di quelle cose tremende che fanno i bambini come lei. In quei momenti pensi che il tuo amore non esiste, perché non c'è nessuno dall'altra parte a riceverlo. E pensi che tu stesso non esisti, che non esiste niente. Un cazzo di niente di niente. A volte mi prende una tale frustrazione, una tale rabbia, che mi viene voglia di picchiarla, la mia bambina. In quei momenti penso che magari, se la picchio abbastanza, smette di fare quei capricci – le dico proprio così: 'smetti di fare i capricci' – e si comporta come una bambina normale, e l'incubo scompare, e la vita ricomincia in quel momento, somigliante a come me l'aspettavo. Ma niente assomiglia a quello che mi aspettavo."

Si interruppe qualche secondo, per prendere fiato.

"Adesso si sente parlare di cure per l'autismo e io a volte penso che magari fra qualche anno lei avrà una vita normale e tutto questo mi sembrerà solo un incubo. Altre volte, invece, penso che diventerò vecchio sprofondando nell'infelicità. A volte prego Dio. Non l'avevo mai fatto ma ho scoperto che aiuta. Mi sento meglio, almeno per un poco. E per un poco mi sembra che le cose possano avere un senso. Non dura molto e, dopo, quel senso non riesco a riafferrarlo. Ma aiuta. A volte di notte, quando mi sembra di non farcela più, me ne vado in giro da solo e faccio strani pensieri. A volte me ne vado dove stiamo andando adesso."

Undicesimo

"Perché a Bari non c'è mai la neve a Natale, mamma?"

Era il 23 dicembre e pioveva da ore, in modo regolare, minuzioso, snervante. Io avevo sette anni e non mi piaceva molto vivere a Bari.

Avrei preferito uno di quei posti che avevo visto solo nei film americani. Città di villette con il giardino, campi sportivi e scuole immerse nel verde. Posti dove d'estate si andava a fare il bagno nel fiume, e d'inverno si spalava la neve dal vialetto e si costruivano pupazzi con la carota al posto del naso. Un posto molto simile a quello in cui abitava Paolo con sua moglie e i suoi figli americani, e le sue angosce notturne.

Io da bambino non l'avevo mai vista la neve a Natale, e solo due o tre volte in tutta la vita.

"Siamo a sud, lo sai. Non fa abbastanza freddo" rispose mia madre sollevando lo sguardo dal libro che stava leggendo.

"Ma tu l'hai vista mai la neve a Natale?"

L'aveva vista, tanti anni prima e non a Bari. Ci fu qualcosa – qualcosa di assorto e, per qualche secondo, distante – nel modo in cui me lo disse, che mi diede l'idea di un passato della mia mamma in cui erano custoditi segreti che non avrei mai conosciuto. Così continuai a farle domande. Per sapere, ma anche per scacciare quella sensazione vaga e un po' paurosa.

"Lo sai se ha mai nevicato il giorno di Natale a Bari?"

"Sì. La nonna raccontava di una volta, tanti anni fa – io non ero ancora nata –, che la mattina del 25 si svegliarono ed era tutto bianco. Fu un Natale bellissimo, diceva."

"Come mi piacerebbe un Natale con la neve. Che poi la notte della vigilia se sei fortunato puoi vedere Babbo Natale che arriva con la slitta, dal suo paese in Finlandia."

Mi ricordo molto bene che a quel punto mamma poggiò il libro, si alzò dalla sedia a dondolo e mi venne vicino.

"Ma tu non lo sai che è Bari il paese di Babbo Natale?"

"Che dici, mamma? Il paese di Babbo Natale è in Finlandia, l'ho letto su *Topolino*."

"Non è così. In Finlandia c'è solo il deposito dei giocattoli. Babbo Natale abita a Bari."

Dissi che non ci credevo, e che pensavo mi stesse prendendo in giro. Lei allora mi spiegò, molto seriamente, che Babbo Natale è uno dei nomi di san Nicola, che è il santo di Bari e abita nella basilica della città vecchia, vicino al mare.

Siccome ero ancora scettico mi fece vedere un libro dove si spiegava la storia di san Nicola-Santa Klaus-Babbo Natale. Da quel libro sembrava evidente che si trattasse della stessa persona. E poi c'erano anche delle immagini da cui – mi parve – era chiarissima la somiglianza.

"Scusa, ma se Babbo Natale è san Nicola perché non lo dice nessuno? Io non l'ho letto su nessun giornalino, su nessun libro. Nemmeno la maestra ce lo ha mai detto. Se fosse vero dovrebbero dirlo."

"Non lo dice nessuno perché è un segreto. Lo sappiamo in pochi. Babbo Natale vuole essere lasciato in pace quando torna a casa sua – a Bari – per riposarsi."

Era una spiegazione plausibile e così mi convinsi, mentre mi sentivo invadere da una strana eccitazione. A quel punto non m'importava più della neve che non c'era e della pioggia che invece c'era, eccome. Non m'importava più di abitare in un posto che non assomigliava per niente a quelli dei film.

Ero contento e basta, come succede solo ai bambini. Avevo scoperto di abitare in un luogo straordinario, un luogo unico al mondo: il paese segreto di Babbo Natale. Era una cosa incredibile, era la magia che irrompeva all'improvviso nella mia vita. Ed era una cosa mia, soltanto mia.

"Ma allora se è un segreto io non posso dirlo a nessuno?"

Ho la faccia di mia madre stampata nella memoria mentre indugia qualche secondo prima di rispondere. Mentre mi accarezza sulla fronte, spostando con due dita i capelli che mi ricadevano sugli occhi. La sua faccia sullo sfondo buio di tanti ricordi indistinti, o perduti per sempre.

"Potrai dirlo solo ai tuoi bambini, quando sarai grande. Solo a loro."

* * *

Raccontai quella storia ai miei amici, quando arrivammo sulla perimetrale dell'aeroporto, nell'oscurità che era uguale a quella di tanti anni prima. Non so se la raccontai perché Giampiero ci aveva detto della sua bambina, o perché Paolo ci aveva parlato delle leggende sulla basilica di San Nicola, o perché era una favola e mi sembrava potesse curare almeno un poco del dolore di quella notte.

Mi parve del tutto naturale raccontarla, quando arrivammo lì, mentre aspettavamo che l'aereo fosse pronto.

Andare sulla perimetrale per guardare la partenza dell'aereo postale o dell'aereo merci era una cosa che facevamo, due o tre notti all'anno, dopo aver vagato per locali, o aver giocato a carte, o essere andati a una festa. Una sorta di rituale, di cui intuivamo solo confusamente il significato: ammesso che ci fosse, un significato.

Funzionava così: arrivavamo in gruppo, una, massimo due macchine. A volte c'erano anche le ragazze, ma più spesso eravamo solo ragazzi. Ci sedevamo per terra, fra la strada e la rete di recinzione, ci passavamo le birre e le sigarette, e aspettavamo nel buio.

A quel tempo dall'aeroporto di Bari partivano solo i voli Alitalia per Roma e per Milano. Si usciva a piedi, dal terminal sulla pista, e a piedi si raggiungeva l'aereo. Tutta la struttura sembrava una stazione di autobus, solo un po' più grande. Le macchine si parcheggiavano dove capitava, lì intorno. C'erano un bar, un paio di negozietti e i passeri che volavano all'interno dell'unico grande atrio. Una cosa alla buona, insomma.

Adesso dall'aeroporto – una struttura moderna, efficiente, da grande città – ci sono voli che vanno dappertutto, in Italia, in Europa, a New York. Ci sono i *fingers* per entrare negli aerei, bar, librerie, ristoranti, boutique. C'è un grande parcheggio a tre piani e tutto l'insieme dà l'idea di un futuro arrivato quasi di sorpresa.

La perimetrale però è la stessa e di notte, a parte qualche volo charter da Sharm el Sheik o altri posti del genere, continuano ad arrivare e a ripartire solo l'aereo postale e l'aereo merci.

Eravamo seduti per terra, l'aria era limpida e i nostri occhi si erano abituati rapidamente all'oscurità. Sulla pista c'era la sagoma scura del cargo e si riusciva a intravvedere il movimento di qualcuno che ci lavorava attorno. Dalla macchina aperta uscivano le note della *Cavalleria rusticana* – l'intermezzo –, e si dissolvevano nella campagna come un profumo della notte.

Poi alla musica cominciò a sovrapporsi il rumore dell'aereo che si metteva in moto e raggiungeva le luci della pista di decollo, simile a una strada sospesa nell'infinito.

La scena si ripeté, uguale a quella di tanti anni prima. Il rombo fece sparire la musica, l'aereo prese la rincorsa e, pochi metri prima che le luci finissero e la pista fosse risucchiata nel buio, si alzò e scomparve fra il cielo e il mare.

Io ero lì, seduto con i miei amici, ma vidi la scena dal di fuori, come la vedo adesso. Dissolvendola nelle scene di venticinque anni prima, senza riuscire a distinguere le cose di oggi da quelle di allora. Quelle vere da quelle inventate.

Guardavo quei tre ragazzi e pensavo che era giusto essere lì, ed era giusto che Paolo mi avesse detto quelle cose, e che Giampiero ci avesse raccontato il suo dolore nascosto, e sapevo che quella notte era l'ultima volta che stavamo insieme, tutti e tre. E, mischiate alle luci della pista e alle ombre degli ulivi, rividi – come dicono che capiti negli ultimi istanti – una sequenza di avventure, di sogni di ragazze, di libri, di discorsi, di voglia rabbiosa, di sport, di film, di pugni, sputi e calci in faccia, di ubriacature, di musica.

Di paura e di coraggio che se non vanno insieme non valgono niente. Né l'una né l'altro.

Di cose realmente accadute e di cose che avevo aggiunto ai ricordi, senza saperlo e senza volerlo, perché quella delle storie è una malattia subdola e inguaribile.

E tutto si era svolto in quella trama di strade squadrate e regolari nelle quali, in certi pomeriggi deserti d'estate, quando c'era il maestrale, e l'aria era nitida, ogni angolo sembrava il punto di fuga verso un infinito pieno di promesse.

Dodicesimo

Sembrava fossimo arrivati alla fine.

Giampiero parcheggiò davanti all'albergo di Paolo in Piazza Moro. L'orologio della stazione segnava le 3.45.

Scendemmo dall'auto forse per la decima volta, quella sera, e rimanemmo lì. Tutti e tre in imbarazzo. Ognuno per ragioni diverse, o forse esattamente per la stessa.

Paolo abbracciò Giampiero e poi lo abbracciai anch'io. E incredibilmente riuscii a dirgli qualcosa, sottovoce. Ero sicuro che avrebbero trovato presto una cura per la sua bambina e per la sua malattia. Le cose cambiavano così velocemente e il tempo era dalla nostra parte, ancora, per fortuna. Dissi proprio così: "il tempo è dalla nostra parte", e mi venne bene, come se avessi preso l'accordo giusto. Lui mi guardò e i suoi occhi sembravano quelli del mio cane, una volta che gli tolsi una spina dalla zampa.

"Ti va di fare ancora due passi?" mi chiese Paolo.

Io feci sì con la testa. Era l'epilogo naturale. Anche Giampiero lo sapeva e così, semplicemente, alzò la mano aperta in segno di saluto, montò in macchina e andò via.

Rimasti da soli, cominciammo a camminare in direzione della fontana.

"Ti ricordi quella notte che partimmo di qua con l'autobus, per andare in campeggio sul Gargano?"

"Me lo ricordo. Io non ci volevo venire, ho sempre detestato il campeggio."

"Però ci divertimmo."

"Tu, ti divertisti. Che anno era?"

"L'82?"

Lui non rispose. Diede un calcio a un pacchetto di sigarette accartocciato e lo fece volare. Il vento ci portò qualche spruzzo di acqua della fontana e allora ci spostammo sottovento.

"Ho fatto una scena patetica, prima."

Quasi per un riflesso condizionato stavo per dire qualcosa come: non preoccuparti, avevi bevuto un po'. Ma mi resi conto che minimizzare sarebbe stato una mancanza di rispetto, e così mi limitai a scrollare le spalle.

"L'avevo conosciuta prima di te, Daria. Te lo ricordi?" disse dopo un poco.

Non me lo ricordavo, ma non lo dissi. Mi risuonarono in mente le parole di una canzone. *Quante volte per altri è vita quello che per noi è un minuto.*

"Mi piaceva moltissimo" disse, come scusandosi di qualcosa.

"Non lo hai mai detto."

"È vero. Ma tu l'avevi capito?"

"Credo di no."

E, poi, dopo una pausa: "*Spero* di no."

"All'inizio anch'io pensavo che non te ne fossi accorto.

Il che era coerente con il tuo personaggio. Poi mi convinsi del contrario. Credo che rendesse più facile detestarti."

"Mi sembra giusto."

"Ci vedevamo quasi tutti i pomeriggi, per il caffè, e a volte la sera, quando tu andavi in palestra."

Annuii. Non c'era niente da dire.

"Non c'è mai stato niente fra noi."

Annuii di nuovo. Con espressione neutra, ma ero sollevato.

"Però parlavamo un sacco, il che in astratto poteva non essere male. La questione seccante è che parlavamo soprattutto di te."

"Ammetto che l'argomento, anche se è uno dei miei preferiti, col tempo possa diventare stucchevole."

Fece il primo sorriso vero.

"Figlio di puttana. Non penso le cose che ho detto prima."

"Bugiardo, le pensi eccome."

Si prese qualche secondo.

"Hai ragione. Ma non penso solo quelle. C'è un'altra parte, e senza quest'altra parte il quadro è falso. Sono uno squilibrato?"

"Forse sei uno stronzo."

Secondo sorriso.

"Forse sono uno stronzo, giusto. Occam avrebbe scelto questa spiegazione."

"In ogni caso – perché tu non ti faccia inutilmente tormentare dal senso di colpa – sappi che, dopo alcune recensioni, non c'è più nulla che possa ferirmi."

"Sai che non ho letto nessuno dei tuoi libri?"

Mi strinsi appena nelle spalle, con un gesto di noncuranza. Non c'è problema, significava. Non è una cosa cui sia mai stato a pensare.

Falso.

In realtà mi ero chiesto, a volte, se avesse mai letto qualcosa di mio. Mi ero risposto di no e ogni volta avevo dovuto reprimere un lieve rigurgito di rancore, per questo. Lo avevo represso così bene che solo in quel momento mi accorgevo che si era accumulato e che era lì.

"A volte capita – da quando ti traducono – che mi chiedano se ho letto i tuoi libri. Io rispondo che non ho tempo per leggere romanzi, che preferisco i saggi, e altre idiozie. Ovviamente i romanzi li leggo eccome. Semplicemente non sono mai riuscito a leggere, e nemmeno a comprare, un tuo libro."

"Perché?" chiesi. Ma conoscevo già la risposta.

"Non li potevo proprio leggere, i tuoi libri. Non potevo rischiare che mi piacessero, dovevo preservare il mio rancore. Capisci cosa voglio dire?"

"Sì."

"Però ti ho recensito mentalmente, parecchie volte. Chi diceva di non leggere mai un libro che doveva recensire, per non avere pregiudizi?"

"Questa non la sapevo. E cosa dicevi in queste recensioni?"

"Scrittura banale ma ruffiana. Scrittore furbo ma sostanzialmente innocuo, incapace di colpire, incapace di dire cose nuove. Fra qualche anno nessuno si ricorderà di lui."

"Beh, questo non è escluso."

"Dicevi sempre che avresti fatto lo scrittore. Non ho

mai creduto che ci saresti riuscito davvero. Era una delle tante balle che sparavi, anche se eravamo in pochi ad accorgerci che erano balle."

"Tu e Daria, ve ne accorgevate. Ci facevate dei seminari, sulle mie balle."

Sorrise ancora.

"Quando ho saputo che avevi scritto un libro e che l'avevi anche pubblicato, non ci potevo credere. Ho pensato che eri riuscito a imbrogliare anche l'editore. Ho pensato che magari eri riuscito a trovare la raccomandazione giusta. Mi sono immaginato tutte le possibili spiegazioni, diverse da quella che tu avessi scritto un bel libro. Che fosse una cosa vera."

A quel punto si zittì, come se avesse ancora delle cose da dire, ma gli mancassero le parole.

Eravamo seduti sul cordolo dell'aiuola che circonda la fontana. Alla nostra destra c'era la stazione, con il suo fiume di binari che spaccano in due la città e rendono folle il traffico. Di fronte a noi c'era il palazzo costruito al posto della vecchia sede della «Gazzetta del Mezzogiorno».

Era un bell'edificio, quello della «Gazzetta», con statue di giganti accovacciati che sembravano reggere tutta la struttura, dandole un senso di austera importanza che mi piaceva molto. Ci rimasi male quando lo demolirono.

Non so dire quanto tempo restammo in silenzio.

"Dicevi che te ne saresti andato da Bari. Dicevi che saresti andato a vivere a Parigi o a New York o da qualche altra parte, in una metropoli del mondo. Cosa ci dovessi fare non era chiaro, ma che ci dovessi andare sembrava pressoché inevitabile. Dicevi che non potevi sopportare questa città, non potevi sopportare il familismo amorale e la mentalità mercantile dei baresi. Mi ricordo che dicesti queste cose anche la notte prima della tua laurea. Dicesti che Bari è una città senza ironia e senza malinconia."

"È una frase di Mario Sansone, il professore con cui si è laureata mia madre. Era un allievo di Benedetto Croce. Insegnava letteratura italiana."

"E invece eccoti qua. Come si fa a dire che non sei un cialtrone?"

"Sono un cialtrone. Ma vogliamo parlare di te? Dicevi che bisogna restare per cambiare le cose che non ci piacciono. Dicevi che non è giusto scappare via e che questo era uno dei motivi per cui non eri andato alla Normale. Come si fa a dire che non sei un cialtrone, *tu*?"

Ridacchiò.

"Due campioni di coerenza."

"Il peggiore sono io. Sono il campione mondiale degli atti mancati."

E poi gli raccontai la storia di Claire.

* * *

Pochi mesi dopo essermi laureato conobbi una ragazza francese che era venuta a studiare a Bari. Era un'archeologa e doveva fare la tesi di dottorato sulle popolazioni preromane della Puglia. Peucezi, Iapigi, Dauni, eccetera.

La conobbi a una festa e quando ci presentarono le dissi che se era stanca di parlare in italiano potevamo chiacchierare in francese. Poi la persi di vista fra la gente che beveva, fumava, ballava, si toccava. Era la ragazza più bella che avessi mai incontrato. Se ci penso adesso posso dire che è stata la ragazza più bella che abbia mai incontrato nella mia vita.

Mentre me ne stavo seduto su un divano ad ascoltare i discorsi concitati di un tipo alla seconda canna, che mi raccontava di essere in analisi da tre anni – con esito nullo, pensavo –, lei venne a sedersi vicino a me. Si mise sul bracciolo del divano e mi disse che aveva voglia di parlare in francese. Me lo disse con un tono appena venato da una nota di sfida. Come a dire: vediamo come lo parli il francese, visto che hai fatto lo splendido. Ma io il francese lo parlavo bene, perché me lo aveva insegnato mia madre quando ero piccolo.

Così parlammo – un po' in francese, un po' in italiano – per il resto della festa, fino a tardi, bevendo vino e fumando le sue sigarette. Quando ci salutammo lei mi chiese se poteva telefonarmi e io dissi che sì, poteva telefonarmi, e le diedi il numero di casa, ché allora non c'erano i cellulari. Con la mia consueta prontezza di riflessi non le chiesi il suo numero, né come potevo rintracciarla.

A questo pensai nelle settimane successive, aspettando la sua telefonata che non arrivava.

Poi un pomeriggio mia madre mi chiamò, dicendomi, con sguardo leggermente interrogativo, che c'era per me al telefono una certa Claire.

Quella sera uscimmo e parlammo ancora a lungo – in francese e in italiano – di un sacco di cose. Di quello che lei voleva fare, di quello che volevo fare io, di quello che ci avrebbe riservato il destino, del suo ragazzo che stava in Francia, della mia ragazza, che invece stava a Bari e alla quale avevo raccontato un bel mucchio di bugie per uscire quella sera. Delle forme che le onde del mare prendevano quando venivano colpite dai fari delle macchine. Pensavo che avrei voluto prenderle una mano, e accarezzarla, e dirle che era la creatura più bella che avessi mai incontrato, e poi baciarla. Ma lei sembrava così tranquilla in quella conversazione, così amichevole. Sembrava talmente contenta che fossimo amici – forse disse anche qualcosa sul fatto che tutti gli uomini le saltavano addosso e di quanto disagio le procurasse questa cosa – che non mi venne proprio di provarci. Eravamo seduti sugli scogli, a distanza di sicurezza dagli schizzi delle onde; la macchina era aperta e dalle casse dell'impianto stereo venivano le note dei Dire Straits, *Tunnel of love*. Era una bella notte e io pensai che va bene, non importa se non succede niente; meglio un bel ricordo che provarci come tutti, venire respinto e rovinare tutto.

La accompagnai alla residenza universitaria dove abitava e ci salutammo con un bacio sulla guancia. Qualche giorno dopo mi telefonò per dirmi addio. Ritornava in Francia, a Bordeaux.

Qualche mese dopo ricevetti una lettera; il timbro postale era francese, la busta era gonfia di diversi fogli. Una lunga lettera, metà in italiano, metà in francese.

Cosa stava facendo. Il suo lavoro, dopo il dottorato, all'università. Il fidanzato, una nuova casa – se fossi andato a Bordeaux sarei stato loro ospite –, cose così.

Poi, quasi in chiusura, la domanda. Avrebbe voluto farmela quella sera, o nella telefonata di saluto, ma non aveva trovato il modo, o il coraggio.

"Ti sembrerà una strana domanda, questa. Ma io ti piace-

*vo? Intendo come donna. Quella volta che uscimmo, mentre
parlavamo io pensavo, cavolo ti saltano addosso tutti, e una
volta che vorresti che uno lo facesse, beh quello se ne sta da
bravo, seduto vicinissimo a parlare, parlare, parlare...*

*Tu potresti dire: ma perché non hai fatto niente tu, se ne
avevi voglia. È una giusta domanda. Ma tu sembravi così...
come dire, così tranquillo e amichevole. Allora pensai che
rischiavo di fare una brutta figura. Ora che ti scrivo non lo
so se voglio sapere la risposta."*

Mi diceva che, comunque, non si sarebbe dimenticata
quella notte. Non era sicura di sapere per quale motivo,
ma di certo non se la sarebbe dimenticata.

Poggiai quei fogli: mi sentivo le gambe molli e, dentro,
una nozione compiuta, precisa di irreparabilità.

Perché ero stato così idiota? Perché ero così idiota?

Presi carta e penna per risponderle.

Ti amo. Sono un idiota ma ti amo. Adesso salto su un
treno, o un aereo o qualunque cosa che trasporti e vengo
lì a Bordeaux. Scusami, scusami. Recupereremo il tempo
perduto. Scapperemo insieme, in America magari, e viag-
geremo da una costa all'altra. Avremo macchine decap-
pottabili e notti di stelle, e strade interminabili, e onde
dell'oceano. Faremo l'amore, Claire. La sento la mia voce
che ripete il tuo nome mentre siamo stretti in questa notte infinita. In questa notte di ventiquattro anni che non
passeranno mai per noi due. Dio come ti amo. Ti ho ama-
ta dal primo momento che ti ho vista.

Non è vero. Non scrissi niente di tutto questo. O meglio: scrissi qualcosa di simile e poi stracciai il foglio e lo
buttai. Dopo altri quattro o cinque tentativi tirai fuori una

letterina compita e forse anche moderatamente spiritosa.
Compita, moderatamente spiritosa e insipida.

Moderata e sotto controllo. Senza correre rischi. Merda.
Le dissi più o meno la verità, scherzando sulla mia goffaggine. Ma con distacco, senza espormi. Senza correre rischi, proprio come quella notte.

Come sempre.

Non ho mai più saputo nulla di Claire.

* * *

"È una bella storia. Non saprò mai se è vera o se te la sei inventata."

"Hai ragione. Non lo saprai mai."

"Ho qualche problema con l'alcol, ma forse te ne sei accorto."

Annuii, senza dire niente. Certo che me n'ero accorto e c'era poco da dire.

"Non lo so come ho cominciato. Voglio dire, il vino, la birra, un bicchierino ogni tanto mi sono sempre piaciuti. E però, forse da un paio di anni, mi capita di berne un po' di più – ogni tanto decisamente di più – e talvolta ho la sensazione, non piacevole, di averne bisogno."

"Placa l'angoscia" dissi io. Lui mi guardò per qualche istante, stupito che conoscessi la ragione.

Quando stava per rispondere il vento girò e un consistente spruzzo di acqua ci prese in pieno. Così ci alzammo prima che ne arrivasse un altro e ci rimettemmo in cammino, in direzione di via Sparàno e dei giardini di Piazza Umberto. Un tempo detti *Piazza Rossa* o semplicemente *Il Giardino*. Ci stavano accampati gli extraparlamentari, e poi gli autonomi e i punk, e negli anni '70 erano un posto da cui i fascisti si tenevano alla larga. Adesso ci stanno i ragazzi africani, a vendere la loro merce e a fare amicizia con le ragazze baresi.

Una cosa bella di questa città è che il razzismo non esiste.

"Allora sai cos'è l'angoscia? Bizzarro, vuol dire che anche tu invecchi?"

"Pare che sia l'unico modo per evitare di morire giovani."

"Temo di scivolare nel patetico – soprattutto se considero le cose che ho detto prima – ma adesso penso che vorrei aver letto qualcosa di tuo. Domani in aeroporto mi compro uno dei tuoi libri, così verifico se devo riscrivere la mia recensione."

Percorremmo via Sparàno, deserta. Era stata la prima zona della città completamente chiusa al traffico. Io avevo nove o dieci anni e la cosa mi aveva entusiasmato. Era bellissimo, pensavo, non essere confinati sui marciapiedi, non essere costretti a badare alle macchine, ai camion, alle moto. Era bellissimo camminare liberi in mezzo alla strada, e quella fu una delle poche volte che fui orgoglioso della mia città, da bambino.

"Passiamo da casa" dissi. Arrivammo al portone e gli dissi di aspettarmi un minuto, perché dovevo prendere una cosa. Lui annuì senza fare domande.

Quando ridiscesi avevo una copia del mio primo romanzo.

"Questo è in omaggio. Se ti piace, gli altri te li compri."

Lui mi guardò diritto negli occhi. Io restituii lo sguardo e in quel momento seppi che la nostra giovinezza se n'era andata per davvero. E però, contemporaneamente, mi sembrò che diventasse eterna, una cosa che nessuno ci poteva togliere. Fu una delle sensazioni più strane della mia vita: tristezza ed euforia, insieme. Pensai che ero vivo, e grato di esserlo e – anche se non ne avrò mai la prova – fui certo che anche lui ebbe la stessa sensazione.

"Mi devi scrivere qualcosa su questo libro" disse lui alla fine.

"Come dedica, vuoi dire?"

"Come una specie di dedica, sì."

"C'è già."

Allora aprì il libro, lesse quello che avevo scritto e poi richiuse con delicatezza, come se all'interno ci fosse un piccolo oggetto fragile. Dopo aver messo il libro in una tasca del giaccone fece ancora una volta quel gesto di strofinarsi la faccia, con tutte e due le mani, come per togliere qualcosa di invisibile e tenace.

"La tua grafia è molto cambiata" disse.

"Da qualche anno, sì."

"Sembra che significhi qualcosa, se la grafia cambia."

"Devo averlo sentito anch'io. Credi che sia vero?"

Indugiò un poco, come se stesse riflettendo sulla mia domanda e cercasse la risposta corretta.

"Sì, credo che sia vero" disse infine.

Epilogo

La focaccia barese si prepara mescolando farina di grano tenero, sale, lievito e acqua. Ne deriva un impasto piuttosto liquido che si versa in una teglia rotonda, si condisce con olio, pomodori freschi, olive e poi si cuoce nel forno a legna. Proprio perché l'impasto è liquido, i pezzi di pomodoro e le olive sprofondano nella pasta, creando e riempiendo dei piccoli crateri morbidi che diventano le parti più buone della focaccia. Si mangia calda ma non bollente, avvolta in un pezzo di carta da panificio, uscendo da scuola, al mare, per cena o anche per pranzo (o merenda o anche colazione, ma questa è roba da esperti): veloce, economico e deliziosamente unto.

La focaccia è una delle cose più buone al mondo. Mi trattengo dal dire che è la *più* buona per mantenere un minimo di prospettiva e per evitare il delirio campanilistico. Ci sono quelle sottili e croccanti, quelle alte e soffici, quelle con l'aggiunta delle patate o del rosmarino e molte altre varianti. Anche se la vera focaccia è quella con pomodori, olive, bordi bruciacchiati e basta. Va accompagnata, possibilmente, da una bella bottiglia di birra molto fredda. Se poi uno ha proprio voglia di un'incursione nell'alta cucina, il piacere supremo è la focaccia calda farcita con fette sottilissime di mortadella. La mortadella tagliata sottile, al contatto con la mollica calda e fragrante, sprigiona un profumo che fa impazzire le ghiandole salivari.

A differenza di molte cose buone, che sono scarse e spesso costose, la focaccia, a Bari, si trova ovunque ci sia un panificio. Cioè ovunque, e tutti se la possono comprare.

La focaccia, a Bari, è una metafora dell'uguaglianza e uno dei pochi simboli (fra questi, degne di nota anche le cozze crude) in cui i baresi riconoscono la loro identità collettiva.

Qualche ora prima, Paolo aveva detto che la cosa che gli mancava di più era il profumo della focaccia.

* * *

Camminavo con decisione, come chi abbia una destinazione precisa, e in effetti l'avevo. Paolo non mi chiese dove stessimo andando. Il cielo cominciava a schiarirsi. C'erano un po' di nuvole, ma non troppe. Davano al cielo un tono drammatico, ma non pauroso. C'era una specie di eroica ambiguità, in quel cielo e nei miei sentimenti. Ogni tanto passava qualche macchina.

In dieci minuti di camminata silenziosa arrivammo vicini a quel panificio. Ero quasi certo che ci fosse ancora, anche se erano anni che non frequentavo la zona. A una cinquantina di metri, fummo raggiunti dal profumo della focaccia.

Paolo si immobilizzò, letteralmente. Aspirò sollevando un poco la testa e socchiudendo gli occhi. Mi fermai anch'io e mi girai a guardarlo. Rimanemmo immobili per un poco. Paolo sembrava volesse incamerare il maggior quantitativo possibile di quel profumo, per riportarselo sulle sponde del lago Michigan.

"Lo sai che darei qualsiasi cosa – qualsiasi cosa – per rivivere uno di quei giorni di maggio?"

Senza che me lo spiegasse, seppi subito di cosa stava parlando. Annuii appena; e inutilmente, perché lui non mi guardava. Guardava da quelle parti, lontano, attraverso il tempo, fino alle praterie tese e invincibili della sua e della nostra giovinezza.

"Venivamo qua a comprarci la focaccia e poi andavamo al mare, a Capitolo o a Torre Canne. Mi sembra di vederle, le spiagge deserte. Mi sembra di vederla quell'acqua limpidissima, e di toccarla, fredda com'era. Non esiste quell'acqua, dove sto io."

Si strofinò ancora la faccia, prese fiato.

"E poi l'odore della macchia, quando c'era scirocco. Il ginepro, l'alloro selvatico, il cappero, il rosmarino, e chissà quanti altri che nemmeno so come si chiamano. Quando ti arrivava addosso quella brezza profumata ed eri bagnato e c'era quel sole di maggio e ti venivano i brividi e avevi tutto il corpo coperto di goccioline, sembrava che tutto fosse possibile. Cazzo, *era* tutto possibile allora. Era tutto perfetto. Darei qualsiasi cosa per rivivere uno di quei momenti, una sola volta. A volte ci penso con tanta intensità, con un tale desiderio, che mi sembra possibile. Mi sembra che nulla, delle cose buone, sia davvero finito o perduto."

E poi chi lo sa se era veramente tutto perfetto, mi dissi. Ad alta voce, ma nella mia testa.

Chi lo sa quanto i nostri ricordi dipendono dal ricordo e quanto invece dalla fantasia e dal nostro bisogno di confortarci. Con le bugie, con le illusioni, con le storie. Ma forse questo riguardava solo me. Forse riguardava solo uno come me, che era sempre stato un po' fuori dall'azione, un po' fuori fuoco. Uno che assomigliava allo spiacevole personaggio descritto da Paolo nel suo sfogo di prima. Lui probabilmente aveva ragione, e quei momenti erano stati davvero perfetti, per lui.

O invece magari, pensai come per una rivelazione improvvisa, erano stati perfetti anche per me e io non me n'ero accorto, e avevo semplicemente lasciato che passassero. Quest'ultimo pensiero mi diede un principio di panico. Se quell'intuizione era giusta, mi ero lasciato scivolare la vita davanti, senza accorgermene.

Per fortuna Paolo interruppe la rumorosa, confusa, paurosa conversazione che si stava svolgendo nella mia testa.

"C'è un momento che vorresti rivivere?"

Mi sorpresi a rispondere senza pensarci su nemmeno un secondo.

"Te lo ricordi il luna park della Fiera del Levante?"

Era una domanda scema. Per chiunque sia stato bambino a Bari fra gli anni '60 e gli anni '70 il mese di settembre *era* la Fiera del Levante, con il suo grande, minaccioso e affascinante luna park e con i film trasmessi dalla Rai alle dieci di mattina, solo per la zona di Bari.

Non è facile capire oggi l'eccezionalità di questo fatto,

ma in quegli anni la televisione era in bianco e nero, esistevano due soli canali, e, se per sbaglio accendevi l'apparecchio di mattina, ne ricavavi soltanto un immobile monoscopio accompagnato da un sibilo penetrante e ossessivo. La magia dei film al mattino non era intaccata nemmeno dal fatto che la programmazione consistesse perlopiù di pellicole degli anni '50, interpretate (si fa per dire) da Amedeo Nazzari e con titoli sobri come *Angelo bianco* o *Antinea, l'amante della città sepolta*.

"Se me lo ricordo? È uno dei posti che, in tutta la vita, mi hanno più attratto e più spaventato, allo stesso tempo. Come il circo."

"C'era una bambina – Laura –, figlia di amici dei miei genitori. Era più grande di me di qualche mese ed era bellissima. Era bionda, naturalmente, con gli occhi blu e questa faccia piena di fossette, quando rideva. Era elegante e agile e simpatica e... era meravigliosa. Non potevo guardarla, quando capitava di incontrarci a qualche festa, senza diventare rosso e provare una nostalgia quasi insopportabile. Lei era la perfezione e per questo intuivo che mi sarebbe stata negata, irrimediabilmente."

Paolo stava per dire qualcosa, ma poi ci ripensò e mi lasciò continuare.

"Avevo undici anni, era settembre e venne il pomeriggio della visita alla Fiera del Levante e conseguente giro al luna park. Eravamo mia madre, mio fratello e io. Alla Galleria delle Nazioni, davanti allo stand di un paese africano – non mi ricordo quale, ma c'erano tamburi e oggetti d'avorio e tipi di colore vestiti con tuniche variopinte –, incontrammo Laura e sua madre. Le mamme si salutarono, chiacchierarono un po', e poi decisero di continuare la visita insieme. Quando capii che il destino mi aveva riservato una visita alla Fiera e al luna park praticamente da solo con Laura (mio fratello aveva sei anni e dunque non contava), il cuore quasi mi scoppiava per la felicità. Fu un pomeriggio indimenticabile. Era la prima volta che mi capitava di parlare con Laura, se si escludono i ciao ciao delle feste. Così scoprii che era anche simpatica, per niente presuntuosa e insomma era ancora più stupenda. Ci comprammo il panino con il würstel al padiglione della Germania, lo zucchero filato, le merendine dell'Aida. E poi al luna park andammo insieme sulle giostre."

"Anche al castello del terrore, vecchio porco?"

"Anche al castello del terrore, appunto. Un diavolo ci saltò addosso all'improvviso e lei gridò, e si strinse a me, e io mi ricordo – me lo ricordo come se lei fosse qui adesso – il profumo di mela dei suoi capelli e il contatto del suo corpo sul mio, centimetro per centimetro. Quando fu il momento di salutarci lei mi diede un bacio sulla guancia e io mi sentii mancare dalla felicità, e la notte non dormii, e pensavo che ci saremmo fidanzati – magari non subito, ma io non avevo fretta – e poi ci saremmo sposati e saremmo stati insieme per sempre."

Mi fermai qualche istante per prendere fiato, e per elaborare il mio stesso stupore al ricordo di quelle cose. Ebbi anche un pensiero fugace per la signora grassa e triste che quella bambina bellissima era diventata, ma lo cancellai facilmente. Non c'entrava niente con quella storia.

"Ecco, vorrei rivivere quel pomeriggio. E sai perché?"

"Perché?"

"Perché quella è stata una delle poche volte della mia vita in cui sono stato perfettamente felice, e me ne sono accorto mentre succedeva."

Lui annuì gravemente, per farmi capire che aveva capito davvero quello che stavo dicendo.

"Magari potresti provare a smettere di bere" dissi dopo qualche minuto.

"Stavo pensando la stessa cosa" disse lui, e toccò a me annuire gravemente, come se avessimo preso un accordo sul punto, e non ci fosse altro da aggiungere.

Cinque minuti dopo eravamo seduti sul cofano di una macchina, ognuno con il suo pezzo di focaccia calda, oleosa, croccante, profumata, piena di pomodori e olive. La più buona della città, secondo la classifica che avevamo stilato moltissimi anni prima. Le cose, in quell'ambito almeno, sembravano non essere cambiate.

Ce la mangiammo in silenzio, fino all'ultimo pomodoro rimasto attaccato alla carta oleata. Poi, come in un rituale, ci ripulimmo le mani sui jeans, come facevamo da ragazzi.

Il cielo si era ancora schiarito. Non era più notte, ma non era ancora giorno.

Paolo tirò fuori dalla tasca il libro che gli avevo dato poco prima. Lo aprì e lesse le prime parole, o forse le prime righe.

"Ehi, non sembra male. Fa venire voglia di andare avanti."

"Magari ti aiuta a far passare il tempo del viaggio."

"Far passare il tempo…"

"Frase idiota, hai ragione. Ci pensa da solo il tempo, a passare. Non ha nessun bisogno di aiuto."

Poi lo richiuse e lesse ad alta voce il titolo, e il mio nome, e la sua voce rimase sospesa nell'aria come un accordo finale, inatteso e perfetto.

"Beh, ci vediamo, allora."

"Ci vediamo, sì."

"Allora ciao" disse lui.

"Ciao" risposi io, poggiandogli la mano sulla spalla e stringendola per qualche secondo.

E poi ce ne andammo via.

Lui da una parte, e io dall'altra.